会计信息系统实验教程
——基于用友U8和吉贝克XBRL

- 主　编　管　萍
- 副主编　张子余

哈尔滨工业大学出版社

内容简介

本书重点介绍了用友 U8 和吉贝克 XBRL 的流程概述、功能模块、基础设置、业务核算和期末处理，涵盖了会计信息系统核心的八个子系统，包括系统管理、基础设置、总账系统、会计报表系统、销售与应收系统、采购与应付系统、职工薪酬管理系统和固定资产管理系统。通过实验模拟和流程训练使读者熟练掌握企业资源计划 ERP 财务系统的应用，为未来开展财务共享服务中心(FSSC)以及可扩展商业报告语言(XBRL)实践奠定基础。

本书可用于会计学和财务管理专业的学生开展会计信息系统课程的实验和实习。

图书在版编目(CIP)数据

会计信息系统实验教程:基于用友 U8 和吉贝克 XBRL/管萍主编. —哈尔滨:哈尔滨工业大学出版社,2023.7
ISBN 978-7-5767-0837-0

Ⅰ.①会… Ⅱ.①管… Ⅲ.①会计信息-财务管理系统-教材 Ⅳ.①F232

中国国家版本馆 CIP 数据核字(2023)第 100573 号

策划编辑	杜　燕
责任编辑	张羲琰
封面设计	高永利
出版发行	哈尔滨工业大学出版社
社　　址	哈尔滨市南岗区复华四道街 10 号　邮编 150006
传　　真	0451-86414749
网　　址	http://hitpress.hit.edu.cn
印　　刷	黑龙江艺德印刷有限责任公司
开　　本	787mm×1092mm　1/16　印张 7.25　字数 166 千字
版　　次	2023 年 7 月第 1 版　2023 年 7 月第 1 次印刷
书　　号	ISBN 978-7-5767-0837-0
定　　价	28.00 元

(如因印装质量问题影响阅读,我社负责调换)

前　　言

　　会计信息化的发展实现了会计核算的集中和共享处理,推动了会计工作从传统核算型向现代管理型转变,奠定了会计转型升级的基础。随着企业资源计划的普及,会计信息系统与业务信息系统得以融合,提升了企业的经营效率。同时,内部控制嵌入会计信息系统,实现了有效的会计监督。在会计信息系统的输入环节,强化理解电子凭证会计数据在会计信息化中的基础作用;在会计信息系统的处理环节,重点掌握企业财务系统底层数据在数据生产系统中的处理过程;在会计信息系统的输出阶段,深入领会基于企业会计准则通用标准的各类财务报表的生成逻辑。

　　随着大数据、人工智能、移动互联、云计算、物联网、区块链等新技术在会计工作中得到应用,经济社会数字化转型全面开启,企业业财融合需求更加迫切,会计数据要素日益重要,会计数据安全风险问题给会计信息化理论和实务提出了新挑战。未来,智能财务、财务共享等理念以及财务机器人等流程自动化、电子会计档案的逐步推广,将进一步促进会计信息的深度应用,改变会计机构的组织形式,加速会计数字化转型发展。

　　本书重点介绍了用友 U8 和吉贝克 XBRL 的流程概述、功能模块、基础设置、业务核算和期末处理,涵盖了会计信息系统核心的八个子系统,包括系统管理、基础设置、总账系统、会计报表系统、销售与应收系统、采购与应付系统、职工薪酬管理系统和固定资产管理系统。通过实验模拟和流程训练使读者熟练掌握企业资源计划 ERP 财务系统的应用,为未来开展财务共享服务中心(FSSC)以及可扩展商业报告语言(XBRL)实践奠定基础。

　　由于编者水平有限,加之编写时间仓促,书中不妥之处敬请广大读者批评指正。

编　者

2023 年 3 月

目 录

第1章 会计信息系统 ··· 1
1.1 会计信息系统概述 ··· 1
1.2 会计信息系统的发展 ·· 2

第2章 系统初始化 ·· 4
2.1 系统管理的流程概述 ·· 4
2.2 系统管理的功能模块 ·· 4
2.3 系统管理的操作流程 ·· 4
2.4 基础设置的流程概述 ··· 11
2.5 基础设置的功能模块 ··· 11
2.6 基础设置的操作流程 ··· 12

第3章 总账系统 ··· 24
3.1 总账系统的流程概述 ··· 24
3.2 总账系统的功能模块 ··· 24
3.3 总账系统的基础设置 ··· 25
3.4 总账系统的业务核算 ··· 29
3.5 总账系统的期末处理 ··· 39

第4章 会计报表系统 ·· 44
4.1 会计报表系统的流程概述 ·· 44
4.2 会计报表系统的功能模块 ·· 45
4.3 会计报表系统的操作流程 ·· 45

第5章 销售与应收系统 ··· 50
5.1 销售与应收系统的流程概述 ··· 50
5.2 销售与应收系统的功能模块 ··· 50
5.3 销售与应收系统的基础设置 ··· 51
5.4 销售与应收系统的业务处理 ··· 58

5.5　销售与应收系统的期末处理 …………………………………………… 66

第6章　采购与应付系统 …………………………………………………………… 69
6.1　采购与应付系统的流程概述 …………………………………………… 69
6.2　采购与应付系统的功能模块 …………………………………………… 69
6.3　采购与应付系统的基础设置 …………………………………………… 70
6.4　采购与应付系统的业务处理 …………………………………………… 75
6.5　采购与应付系统的期末处理 …………………………………………… 80

第7章　职工薪酬管理系统 ………………………………………………………… 83
7.1　职工薪酬管理系统的流程概述 ………………………………………… 83
7.2　职工薪酬管理系统的功能模块 ………………………………………… 83
7.3　职工薪酬管理系统的基础设置 ………………………………………… 84
7.4　职工薪酬管理系统的业务核算 ………………………………………… 89
7.5　职工薪酬管理系统的期末处理 ………………………………………… 92

第8章　固定资产管理系统 ………………………………………………………… 94
8.1　固定资产管理系统的流程概述 ………………………………………… 94
8.2　固定资产管理系统的功能模块 ………………………………………… 94
8.3　固定资产管理系统的基础设置 ………………………………………… 95
8.4　固定资产管理系统的业务核算 ………………………………………… 101
8.5　固定资产管理系统的期末处理 ………………………………………… 104

附　　录 …………………………………………………………………………… 106

参考文献 …………………………………………………………………………… 109

第1章 会计信息系统

1.1 会计信息系统概述

在会计工作中,从企业外部和内部取得的各种原始资料、经济业务的载体被称为原始凭证;通过复式借贷记账法将原始凭证解释为会计语言称为记账凭证;描述经营业务的原始凭证和记账凭证被称为会计数据。会计信息则是反映企业经济活动的数据,按照一定的规则进行加工处理、分类汇总而形成有用的信息产品,如会计账簿和会计报表。

信息系统是以信息为处理对象,进行信息的收集、加工、传递、存储和分析,辅助企业进行各项决策的人机相结合的系统。在信息系统中,数据的收集流程是指将待处理的原始数据集中起来,转化为信息系统所需要的形式,输入到系统中。信息的加工流程是指信息系统对进入系统的数据进行处理,包括查询、计算、排序、归并等。信息的传递流程是指为了让信息的使用者方便地使用信息,信息系统能够迅速准确地将信息传送到各个使用部门。信息的存储流程是指数据进入信息系统后,经过加工或整理,成为对管理者有用的信息,信息系统负责把信息按照一定的方法存储、保管起来。信息的分析流程是指按照使用者的需求,利用一些模型和方法,如预测模型、决策模型、模拟模型、知识推理模型等,生成满足用户需求的决策信息。

会计信息系统(Accounting Information System,AIS)是管理信息系统的重要子系统,完成会计数据和信息的收集和输入、会计数据和信息的加工和处理、会计数据和信息的分析和输出。2013年,财政部印发的《企业会计信息化工作规范》中定义:会计信息化,是指企业利用计算机、网络通信等现代信息技术手段开展会计核算,以及利用上述技术手段将会计核算与其他经营管理活动有机结合的过程。会计信息系统是由会计软件及其运行所依赖的软硬件环境组成的集合体。大数据时代,人们不再将世界看作一连串人们认为或是自然或是社会现象的事件,人们意识到世界是由信息和数据构成的,作为提供经济信息和数据的会计系统变得越来越具价值。

1.2 会计信息系统的发展

信息技术推动会计变革,从会计电算化发展到会计信息化,再到会计智能化。1979年,长春第一汽车制造厂大规模信息系统的设计和实施的试点,是我国会计电算化发展过程的一个里程碑。1981年,财务、会计、成本应用电子计算机专题讨论会召开,正式提出了会计电算化的概念。1988年,首届会计电算化学术研讨会讨论了会计软件的商品化问题。1989年,财政部颁布了《会计核算软件管理的几项规定(试行)》,明确了商品化会计软件的基本要求。1994年和1995年,财政部先后颁布了《关于大力发展我国会计电算化事业的意见》和《会计电算化知识培训管理办法(试行)》,各级财政部门组织了培训工作,培养了大量会计电算化人才。同时,我国财务软件业也迎来了开发和应用推广的黄金时代,一大批财务软件公司脱颖而出,如用友、金蝶等。杨纪琬先生是我国会计电算化事业的奠基者和领路人。1982年,杨纪琬与阎达五两位教授在《论"会计管理"》一文中指出,科技革命推动会计职能发生重大变化:一是信息技术的引入使得会计的重要性日益显著;二是内向服务进一步发展,日益向基层单位和业务领域渗透,与企业内部的经营与管理活动结合得更加紧密;三是会计工作从传统的记账、算账向事前预测和管理决策转化,对经济活动有调节、指导、控制、促进、分析、考核等多种管理职能,从而开拓了服务经营、参与决策的新领域。作为第一部《中华人民共和国会计法》的主持者、中国会计学会和中国注册会计师协会发起者,杨纪琬先生为电算化以及信息化的发展做出了杰出的贡献。

国外一些工业国家从20世纪50年代开始在会计领域中应用电子计算机。1954年,美国通用电器公司首次利用计算机计算工资,开创了计算机在会计中应用的新纪元。"会计信息系统"一词为舶来品,早期国外的概念提法是电子数据处理系统(EDPS)。会计信息系统强调电算化会计是一个处理会计业务、为利益相关者提供财务信息的系统。它通过一系列的方法收集、贮存、加工和输出各种会计信息,提供给有关部门和单位,为经营和决策提供帮助。企业资源计划(ERP)起源于20世纪90年代的美国,由Gartner公司提出,是一种企业管理信息化的方法和工具。可以说,ERP是一种管理思想、一种软件产品、一种管理系统。1997年,中国软件行业协会财务及企业管理软件分会举办的主题为"向ERP进军"的发布会,拉开了我国会计核算软件向ERP管理软件转型的序幕,目前国外SAP等公司的ERP软件市场占有率较高。会计信息系统是管理信息系统的重要组成部分,也成为ERP系统中不可或缺的子系统。信息技术如操作系统、数据库、互联网等带来了会计信息系统的变革。从业务流程看,财务软件从单项型发展到核算型,再到管理型;从操作技术看,财务软件从基于DOS平台发展到基于Windows平台,再到财务云平台;从网络体系结构看,财务软件从F/S阶段发展到C/S阶段,再到B/S阶段,以及Web技术的企业管理软件。20世纪80年代初,美国福特公司在欧洲建立了世界第一个财务共享服务中心,推行财务共享服务模式,财务共享的理念开始生根发芽,并逐步发展壮大。20世纪90年代末,财务共享模式通过大型跨国公司传播到我国。2005年,中兴通讯最早引入这一先进管理模式,开启了我国财务共享发展的历程。经过几十年的发展,我国一大批集团企业开始走上财务共享之路。近年来,财务共享建设正在为企业财务管理模式的转型发展提供新的范式。

2008年,财政部联合工业和信息化部、人民银行、国家税务总局、国资委、审计署、银监会、证监会和保监会等共同成立了我国会计信息化委员会暨XBRL(可扩展商业报告语言)中国地区组织。2009年,财政部发布了《关于全面推进我国会计信息化工作的指导意见》。随后2010年,国家标准化管理委员会和财政部发布了可扩展商业报告语言(XBRL)技术规范系列国家标准和企业会计准则通用分类标准,并开始逐步试点和实施。XBRL技术规范标准和通用分类标准是我国继发布实施企业会计准则、内部控制规范之后的又一重大系统工程,标志着我国以XBRL应用为先导的会计信息化时代的来临,在我国会计信息化建设史上具有里程碑意义。2013年,财政部印发的《企业会计信息化工作规范》明确了会计信息化的定义和内涵,会计电算化的相关法律法规废止。同时在信息化规范中鼓励软件供应商在会计软件中集成可扩展商业报告语言(XBRL)流程,便于企业生成符合国家统一标准的XBRL财务报告。实施企业会计准则通用分类标准的企业,应当按照有关要求向财政部报送XBRL财务报告。《企业会计信息化工作规范》还指出,分公司、子公司数量多、分布广的大型企业、企业集团应当探索利用信息技术促进会计工作的集中,逐步建立财务共享服务中心。

自2017年起,每年由上海国家会计学院与中兴新云服务有限公司、北京元年科技股份有限公司、浪潮集团有限公司、用友网络科技股份有限公司、金蝶软件(中国)有限公司等联合主办的影响会计从业人员的十大信息技术评选活动成为信息技术对会计影响的重要学术活动。财务云、会计大数据分析与处理技术、流程自动化(RPA和IPA)、中台技术、电子会计档案、电子发票、在线审计与远程审计、新一代ERP、在线与远程办公、商业智能成为近年来影响会计变革的重要领域。"大智移云物区"信息技术的快速发展,触发了新的应用场景,以"四大"(即普华永道、毕马威、德勤、安永)为代表的会计师事务所和以金蝶、用友、浪潮、元年为代表的软件厂商纷纷推出了自己的财务机器人方案,标志着我国进入了会计智能化阶段。

第 2 章　系统初始化

2.1　系统管理的流程概述

系统管理包括账套管理、年度账管理、用户及权限的集中管理和系统运行安全的统一管理。其中，账套管理包括建立、修改、引入、输出核算单位账套信息；人员管理包括用户、角色及权限设置流程。

2.2　系统管理的功能模块

- 启动系统管理
- 新建账套
- 增加用户
- 设置操作员权限
- 账套输出和引入

2.3　系统管理的操作流程

1. 启动系统管理

操作步骤：

(1)点击开始—程序—用友 U8V10 系统服务—系统管理，进入用友 U8 新账套的建立。

(2)点击系统—注册，使用 admin 系统管理员注册(口令无，登陆时选择数据源 default 账套)。登录系统管理如图 2.1 所示。

提示:

检查系统日期是否为当前日期。系统日期应早于账套启用日期。

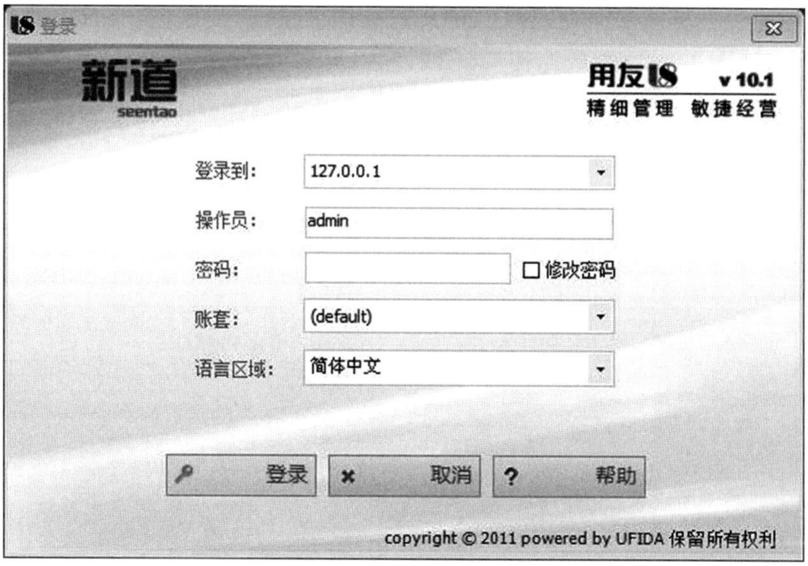

图 2.1　登录系统管理

2. 新建账套

账套实验资料见表 2.1。

表 2.1　账套实验资料

单位信息	SUES 股份有限公司
核算类型	本币代码:RMB 本币名称:人民币 企业类型:工业 行业性质:2007 年新会计制度科目 账套主管:杜鹃
基础信息	存货分类:是 客户分类:是 供应商分类:是 有无外币核算:有
编码方案	科目编码方案:4-2-2 部门编码方案:2-2 结算方式编码方案:2-1 客户和供应商编码方案:2-3-3 其他采用系统默认

操作步骤:
(1)点击账套—新建,打开创建账套对话框。
(2)建账过程根据建账向导完成。录入单位信息、核算类型(图 2.2)、基础信息(图 2.3)、编码方案(图 2.4)以及数据精度(图 2.5)。

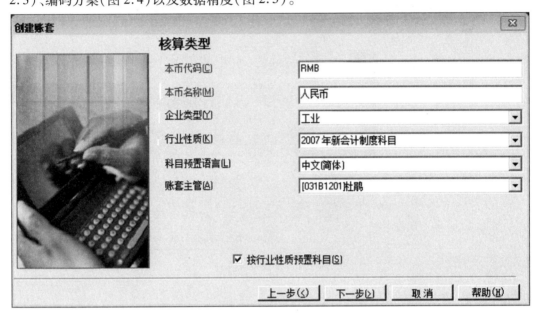

图 2.2　设置核算类型

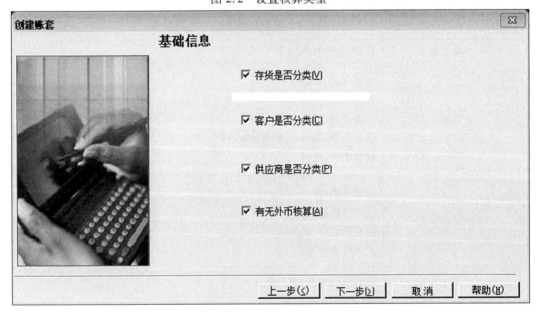

图 2.3　设置基础信息

编码方案

项目	最大级数	最大长度	单级最大长度	第1级	第2级	第3级	第4级	第5级	第6级	第7级	第8级	第9级
科目编码级次	13	40	9	4	2	2						
客户分类编码级次	5	12	9	2	3	3						
供应商分类编码级次	5	12	9	2	3	3						
存货分类编码级次	8	12	9	2	2	2	2	3				
部门编码级次	9	12	9	2	2							
地区分类编码级次	5	12	9	2	3	4						
费用项目分类	5	12	9	1	2							
结算方式编码级次	2	3	3	2	1							
货位编码级次	8	20	9	2	3	4						
收发类别编码级次	3	5	5	1	1	1						
项目设备	8	30	9	2	2							
责任中心分类档案	5	30	9	2	2							
项目要素分类档案	6	30	9	2	2							
客户权限组级次	5	12	9	2	3	4						

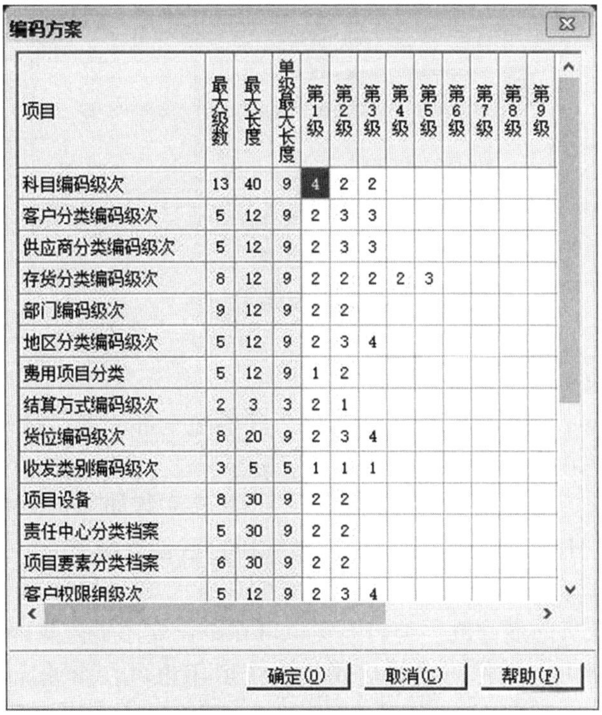

图 2.4　设置编码方案

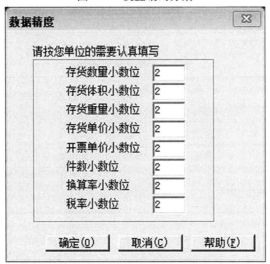

图 2.5　设置数据精度

(3)提示建账成功(图 2.6)。

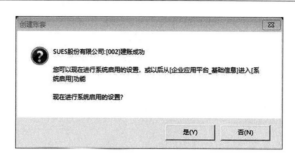

图 2.6　建账成功

提示：

（1）本币代码和本币名称的信息必须录入。

（2）系统以 admin 身份进入进行建账，引入和输出全部账套，以账套主管身份修改账套，引入和输出年度账。

（3）先创建账套后增加用户时，必须默认一个账套主管如 demo、SYSTEM 和 UFSOFT，在设置用户权限部分时要进行权限删除；先增加用户后创建账套时，可选择会计主管作为账套主管。

（4）编码方案从后向前修改。编码方案也可在企业应用平台基础信息中修改。

（5）建账成功后可立即进行系统启用。系统启用也可在企业应用平台基础信息中修改。

3. 增加用户

用户实验资料见表 2.2。

表 2.2　用户实验资料

操作员	角色	权限
杜鹃	账套主管（会计主管）	全部系统
丁香	普通员工	财务会计系统
白兰	普通员工	财务会计系统
海棠	普通员工	财务会计系统
薄荷	普通员工	财务会计系统

操作步骤：

（1）点击菜单中的权限—用户，打开用户管理对话框。

（2）点击增加按钮，自定义录入操作员信息。

提示：

（1）增加用户是增加操作员，增加角色是增加岗位（图 2.7）。

（2）系统自带三位员工：demo，密码：DEMO；SYSTEM，密码：SYSTEM；UFSOFT，密码：UFSOFT。

第 2 章 系统初始化

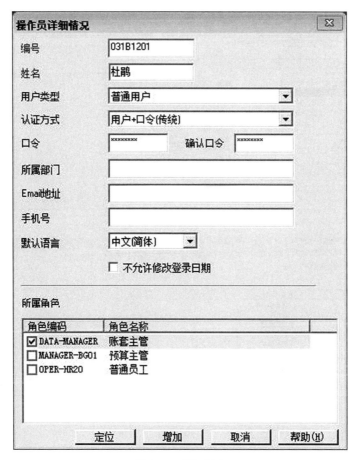

图 2.7 增加用户

4. 设置操作员权限

操作步骤:

(1)点击权限—操作员权限,打开操作员对话框。在右侧选择 SUES 账套,在左侧选择用户。

(2)点击修改按钮,设置操作员权限(图 2.8)。根据操作员角色分别选择财务会计如总账、应收款管理系统、应付款管理系统、固定资产管理系统相应权限,人力资源如薪酬管理系统相应权限。

提示:

(1)账套主管拥有该账套所有系统权限。

(2)可以在系统服务选项卡中通过数据权限控制设置对具体业务进行单独的权限控制(图 2.9)。

9

图 2.8 设置操作员权限

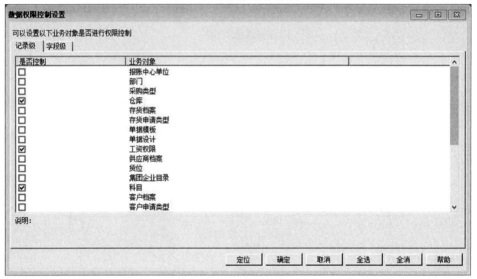

图 2.9 控制操作员权限

5.账套输出和引入

操作步骤：

(1)点击菜单中的账套—输出或引入,打开账套输出对话框(图2.10)或引入对话框。

(2)选择账套号和账套备份或引入路径。

(3)确认按钮,系统进行账套数据输出或引入,完成后,弹出输出成功或引入成功(图2.11)。

提示：

系统管理员admin账套进行所有账套的输出和引入;账套主管进行年度账的输出和引入。账套输出成功后保存为一个文件夹,有两个文件:一个BAK文件,一个LST文件(引入)。

第 2 章　系统初始化

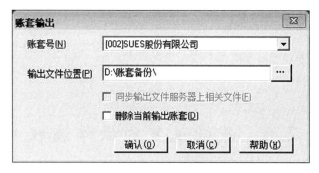

图 2.10　输出账套

图 2.11　账套引入成功

2.4　基础设置的流程概述

企业应用平台是用友 U8 管理软件的集成应用平台,包括基础设置、系统服务和业务工作三个标签选项,基础设置主要包括基本信息、基础档案、业务参数、个人参数、单据设置、档案设置。

2.5　基础设置的功能模块

- 启动应用平台
- 外币设置
- 定义凭证类别
- 设置结算方式
- 设置部门档案
- 设置人员档案
- 设置客户分类
- 设置客户档案
- 设置供应商分类

- 设置供应商档案
- 设置存货分类
- 设置存货档案
- 指定会计科目

2.6 基础设置的操作流程

1. 启动应用平台

操作步骤：
(1)点击开始—程序—用友 U8 企业应用平台,打开登录对话框。
(2)以账套主管身份登录,选择账套进行登录(图 2.12)。

图 2.12　以账套主管身份选择账套登录

(3)在企业应用平台的基础设置选项卡中,点击系统启用。如果创建账套此步骤已经完成,确认即可。

(4)在系统启用对话框中选择 GL 总账系统(图 2.13)。其他会计核算系统,AR 应收款管理暂不启用,AP 应付款管理暂不启用,FA 固定资产暂不启用,WA 职工薪酬管理暂不启用。

提示：
(1)系统一旦启用运行后,无法去除启用流程。
(2)其他会计核算系统启用后,总账系统结账流程必须等其他会计核算系统完成结账后最后结账。

第 2 章 系统初始化

图 2.13 选择 GL 总账系统

2. 外币设置

操作步骤：
(1)点击基础设置选项,点击基础档案—财务—外币设置,进入外币设置对话框。
(2)点击增加按钮,定义外币及记账汇率,如美元和日元(图 2.14)。

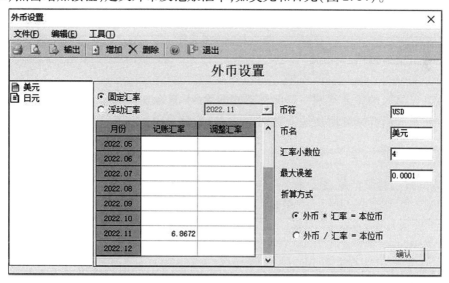

图 2.14 设置外币

(3)点击确认按钮。

提示：

折算方式选择时考虑我国是直接标价法,固定汇率。

3. 定义凭证类别

凭证类别实验资料见表2.3。

表2.3 凭证类别实验资料

类别字	类别名称	限制类型	限制科目
记	记账凭证	无限制	无限制

操作步骤：

(1)点击基础设置选项,点击基础档案—财务—凭证类别,进入凭证类别窗对话框。

(2)选择通用记账凭证,不设收、付、转专用记账凭证(图2.15)。

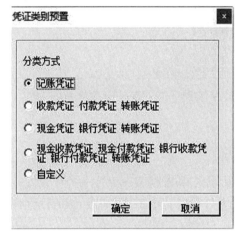

图2.15 设置凭证

(3)点击增加按钮。

提示：

(1)已经录入的凭证类别一旦保存不能删除,不能修改类别字。

(2)回车键后会继续增加凭证类别,可按 ESC 键退出。

4. 设置结算方式

结算方式实验资料见表2.4。

表2.4 结算方式实验资料

一级结算方式编码和名称	二级结算方式编码和名称
01 银行结算	011 支票结算 012 贷记凭证
02 第三方支付	021 微信 022 支付宝

操作步骤：

（1）点击基础设置选项，点击基础档案—收付结算—结算方式，进入结算方式对话框。

（2）点击增加按钮，录入结算方式编码和结算方式名称信息（图2.16）。

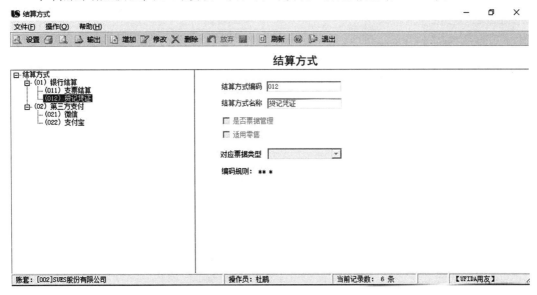

图2.16　录入结算方式信息

提示：

结算方式编码与编码方案保持一致，*代表一位，＊＊代表二位。

5. 设置部门档案

部门档案实验资料见表2.5。

表2.5　部门档案实验资料

一级部门编码和名称	二级部门编码和名称
01 销售中心	0101 销售一部 0102 销售二部
02 管理中心	0201 财务部 0202 人事部
03 制造中心	0301 一车间 0302 二车间 0303 运输处

操作步骤：

（1）点击基础设置选项，点击基础档案—机构人员—部门档案，进入部门档案窗口。

（2）点击增加按钮，录入部门编码、部门名称等必填信息（图2.17）。

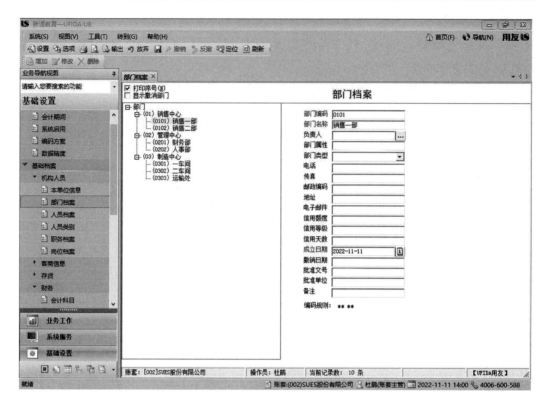

图 2.17 录入部门档案信息

(3)点击保存按钮。

提示：

部门编码与编码方案保持一致，*代表一位，**代表二位。

6. 设置人员档案

人员档案实验资料见表2.6。

表2.6 人员档案实验资料

员工工号	员工姓名	所属部门
031B1001	凌霄	销售一部
031B1101	罗勒	销售二部
031B1201	杜鹃	财务部
031B1301	丁香	财务部
031B1401	白兰	财务部
031B1501	海棠	财务部
031B1601	薄荷	财务部
031B1701	连翘	人事部

续表2.6

员工工号	员工姓名	所属部门
031B1801	苏铁	一车间
031B1901	石竹	二车间
031B2001	景天	运输处

操作步骤:

(1)点击基础设置选项,点击基础档案—机构人员—人员档案,进入人员档案窗口。

(2)点击增加按钮,录入人员编码、人员姓名等必填信息(图2.18)。

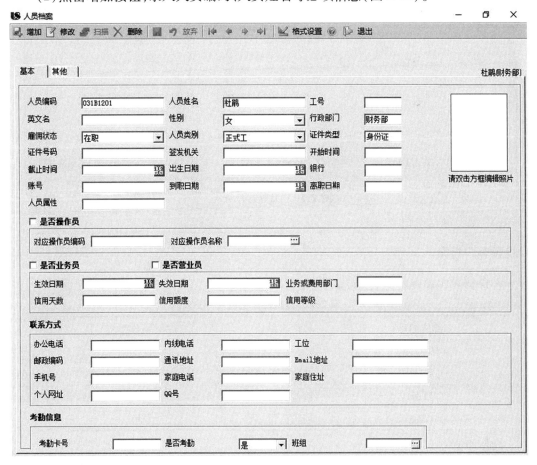

图2.18 录入人员档案信息

(3)点击保存按钮。

7. 设置客户分类

操作步骤:

(1)点击基础设置选项,点击基础档案—客商信息—客户分类,进入客户分类窗口。

(2)点击增加按钮,设置分类编码、分类名称(如批发、代销和专柜)(图2.19)。

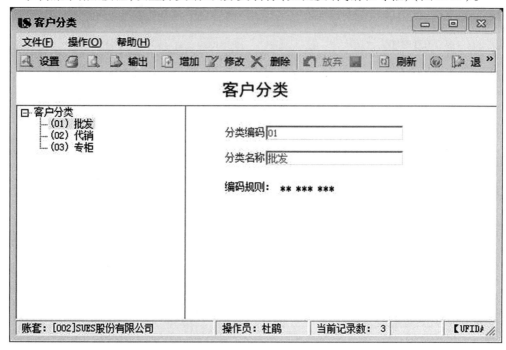

图 2.19 设置客户分类

(3)点击保存按钮。

8. 设置客户档案

客户档案实验资料见表2.7。

表 2.7 客户档案实验资料

单位编号	单位名称	所属分类
HHGYZ	华宏供应站	批发
CXMYGS	昌新贸易公司	批发
JYSH	精益商行	代销
LSGS	利氏公司	专柜

操作步骤:
(1)点击基础设置选项,点击基础档案—客商信息—客户档案,进入客户档案窗口。
(2)点击增加按钮,录入客户编码、客户简称、所属分类(图2.20)。
(3)点击保存按钮。

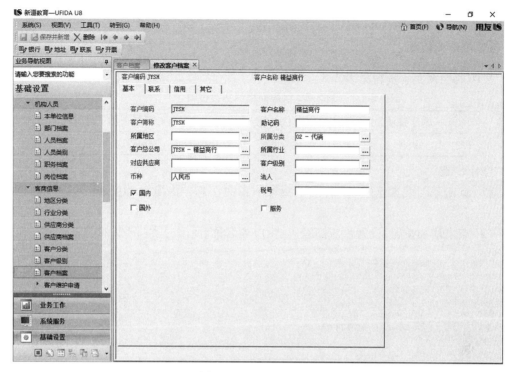

图 2.20　设置客户档案

9. 设置供应商分类

操作步骤：

(1)点击基础设置选项,点击基础档案—客商信息—供应商分类,进入供应商分类窗口。

(2)点击增加按钮,设置分类编码、分类名称(如原料供应商)(图 2.21)。

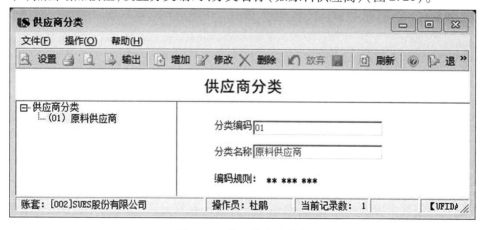

图 2.21　设置供应商分类

(3)点击保存按钮。

10. 设置供应商档案

供应商档案实验资料见表2.8。

表2.8 供应商档案实验资料

单位编号	单位名称	所属分类
JLSH	金陵商行	原料供应商

操作步骤:

(1)点击基础设置选项,点击基础档案—客商信息—供应商档案,进入供应商档案窗口。

(2)点击增加按钮,设置供应商编码、供应商名称、所属分类(图2.22)。

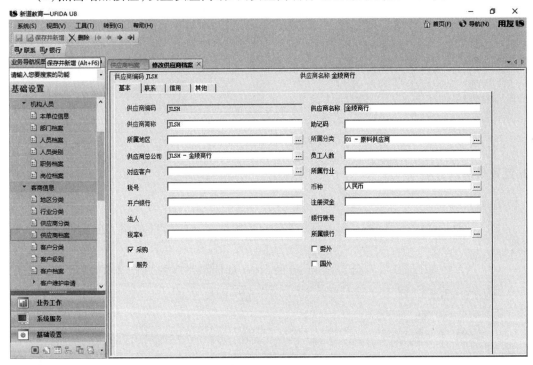

图2.22 设置供应商档案

(3)点击保存按钮。

11. 设置存货分类

操作步骤:

(1)点击基础设置选项,点击基础档案—存货—存货分类,进入存货分类窗口。

(2)点击增加按钮,设置分类编码、分类名称(如库存商品、原材料)(图2.23),设置存货计量单位(图2.24)。

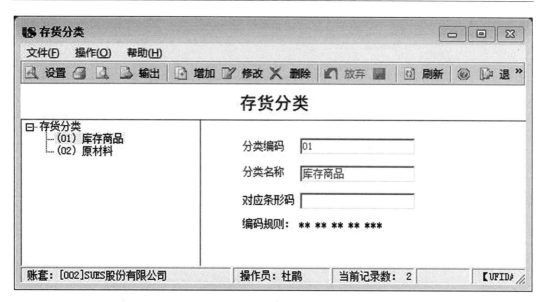

图 2.23 设置存货分类

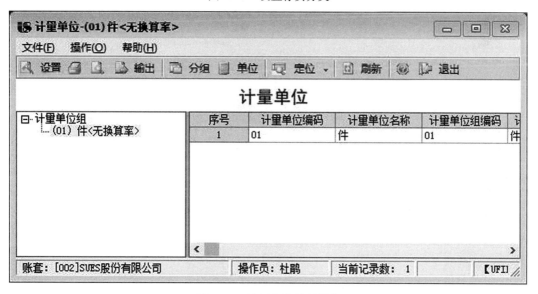

图 2.24 设置存货计量单位

(3)点击保存按钮。

12. 设置存货档案

操作步骤:

(1)点击基础设置选项,点击基础档案—存货—存货档案,进入存货档案窗口。

(2)点击增加按钮,设置存货编码、存货名称、存货属性(图 2.25),生成存货档案(图 2.26)。

图 2.25 设置存货基本信息

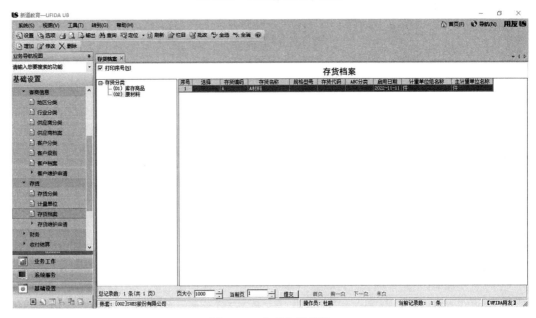

图 2.26 生成存货档案

(3)点击保存按钮。

提示：

存货属性必须选择。

13. 指定会计科目

操作步骤：

(1)点击基础设置选项，点击基础档案—财务—会计科目，进入会计科目窗口。

(2)点击编辑菜单—指定科目，打开指定科目对话框。现金科目指定 1001 库存现金，银行科目指定 1002 银行存款(图 2.27)。

(3)双击确定按钮。

提示：

被指定为现金/银行存款科目可以在出纳模块查询现金日记账和银行存款日记账。

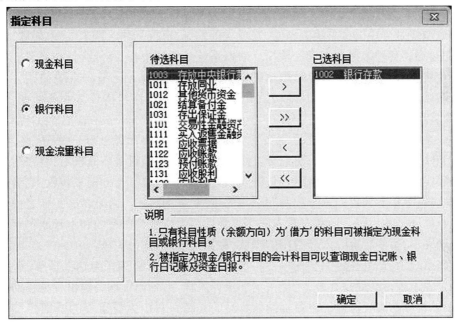

图 2.27　指定会计科目

第3章 总账系统

3.1 总账系统的流程概述

总账系统是会计信息系统的核心,完成凭证编制、审核、记账、期末处理、转账、对账和结账;随时提供各种账簿的查询和输出。总账系统是凭证中心,其他会计核算系统必须与总账系统建立数据接口,实现会计数据的及时传递和数据共享。总账系统初始化包括会计科目初始化、初始数额录入、其他初始设置。总账业务工作包括日常业务处理、出纳管理、账簿管理和期末处理。

总账系统中,根据经济业务填制会计凭证,然后根据会计凭证登记账簿,称为记账。将凭证和账簿核对是账证核对;将总分类账和明细分类账核对是账账核对;将账簿和实物核对是账实核对;账证核对、账账核对、账实核对统称为对账。会计期末将收入、费用向本年利润结转,本年利润再向未分配利润结转的过程,称为转账。月末转账工作之前确认所有未记账凭证已经记账。通常在月末或年末最后一天将手头所有的和本月或本年相关的单据处理完毕,暂停所有收入和费用的确认,称为结账,也称为关账。

总账系统中,如果在定义会计科目时,把某科目辅助属性选择为辅助核算,系统则对这些科目除了进行会计核算外,还提供辅助核算流程,为企业管理者输出各种辅助会计信息,体现了管理的流程。会计科目辅助核算目的是将科目中大量重复的明细科目从科目体系中分离出来,按照项目进行存储,并将项目和科目建立动态链接,在优化会计科目体系的同时,达到精细核算的目的。辅助核算主要包括客户往来辅助账管理、供应商往来辅助账管理、部门辅助账管理、个人往来辅助账管理、项目辅助账管理及现金流量统计等内容。

3.2 总账系统的功能模块

- 会计科目初始化
- 输入期初数据

- 填制凭证
- 审核凭证
- 出纳签字/主管签字
- 记账
- 凭证查询
- 账簿查询
- 期末转账
- 期末对账
- 期末结账
- 账套备份

3.3 总账系统的基础设置

1. 会计科目初始化

会计科目实验资料见表3.1。

表3.1 会计科目实验资料

新增或修改会计科目	辅助项
100201 建设银行	银行账、日记账
1122 应收账款	辅助核算:客户往来 受控系统:空(不受控)
2202 应付账款	辅助核算:供应商往来 受控系统:空(不受控)
1221 其他应收款	个人往来
1604 在建工程	项目核算
6601 销售费用	部门核算
6602 管理费用	部门核算

操作步骤:

(1)点击U8企业应用平台,以账套主管身份登录。

(2)点击基础设置选项,点击基础档案—财务—会计科目,进入会计科目窗口。

(3)点击增加按钮,打开新增会计科目对话框(图3.1),点击修改按钮,打开修改会计科目对话框(图3.2)。

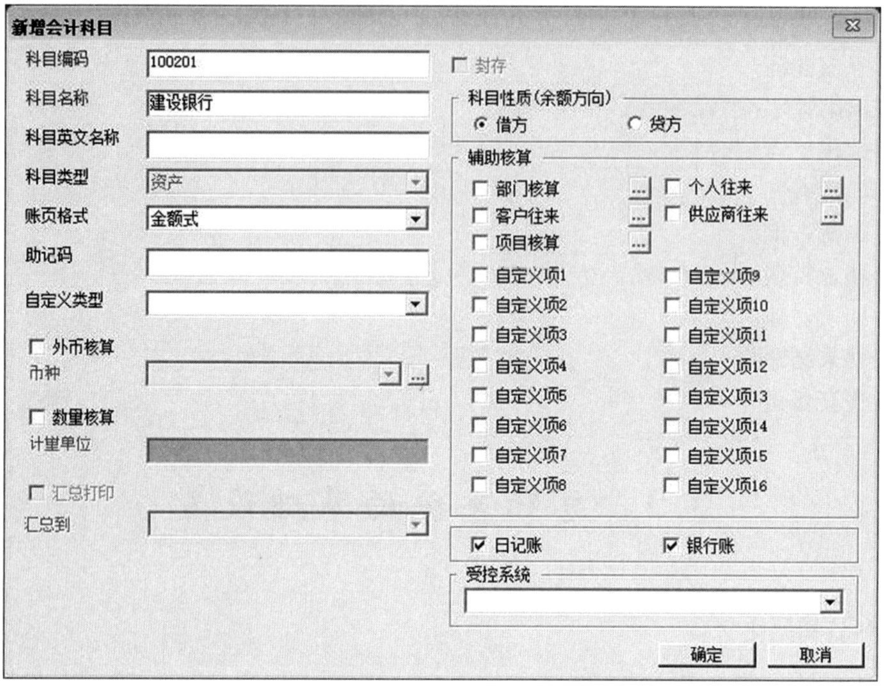

图 3.1　新增会计科目

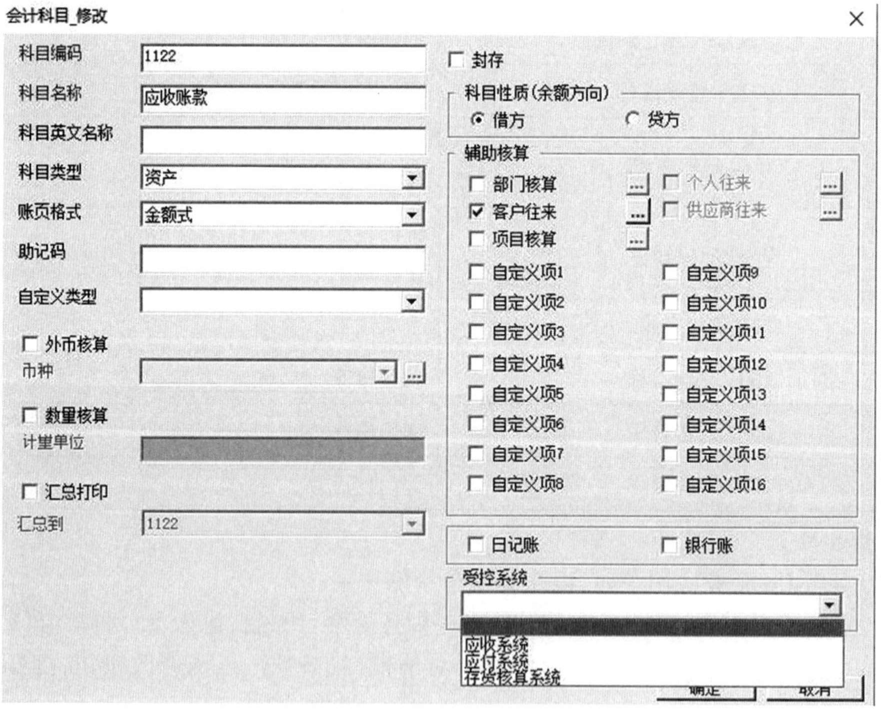

图 3.2　修改会计科目

提示：

(1) 系统给定 2007 年新会计制度科目总账科目即一级会计科目。会计科目编码应符合编码规则。

(2) 会计科目已经使用如存在期初数据或凭证数据，则不能进行修改和删除。

(3) 如果应收账款科目默认受控应收系统，则该科目在总账系统中无法使用；如果应付账款科目默认受控应付系统，则该科目在总账系统中无法使用；若需使用可在选项模块中进行修改。

2. 输入期初数据

期初数据实验资料见表 3.2。

表 3.2 期初数据实验资料

科目名称	借方余额	科目名称	贷方余额
库存现金	5 000.00	短期借款	260 000.00
银行存款	4 000 000.00	应付账款	300 000.00
建设银行(明细科目)	4 000 000.00	金陵商行(辅助核算)	300 000.00
应收账款	800 000.00	实收资本	5 000 000.00
精益商行(辅助核算)	800 000.00		
应收票据	300 000.00		
原材料	100 000.00		
A 材料(明细科目)	100 000.00		
库存商品	100 000.00		
固定资产	255 000.00		
合计	5 560 000.00	合计	5 560 000.00

操作步骤：

(1) 点击总账系统—设置—期初余额，进入期初余额录入窗口。

(2) 录入期初余额数据。非末级科目的期初余额数据由末级科目数据汇总计算，辅助核算科目的期初余额数据由辅助明细数据汇总计算。

(3) 点击菜单栏试算，进行期初余额试算平衡（图 3.3 至图 3.5）。

图 3.3 试算期初余额

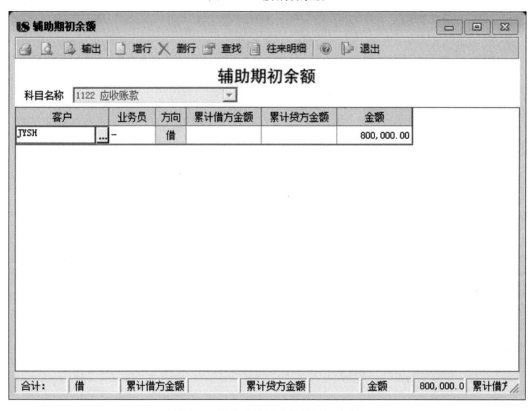

图 3.4 录入客户辅助核算期初余额

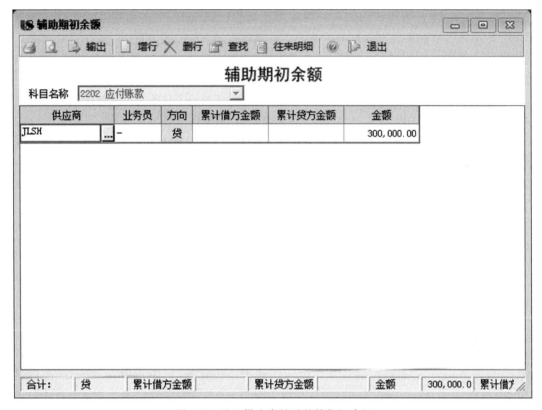

图 3.5 录入供应商辅助核算期初余额

提示:

(1) 期初余额数据录入到期初余额列,不要录入到累计借方列和累计贷方列。

(2) 若该科目设置了辅助核算,不允许直接录入余额,需要双击进入辅助账进行初始数据录入。

(3) 若该科目为非末级科目,不允许直接录入余额,待下级科目余额录入完成后自动汇总。

3.4 总账系统的业务核算

1. 填制凭证

实验资料如下:

某公司为增值税一般纳税人,以下为公司本月发生的经济业务:

11月1日购入原材料,取得价款 260 000 元,增值税 41 600 元,材料验收入库,公司背书转让面值 300 000 元、不带息的银行承兑汇票结算购料款,不足部分补付(原始凭证主要包括银行付款回单、采购发票、入库单等)。

11月2日,采用委托收款方式向精益商行销售一批商品,发出的商品满足收入确认条件,开具的增值税发票上注明的价款为500 000元,增值税80 000元,银行存款为公司垫付运费40 000元,增值税4 000元,款项未收(原始凭证主要包括银行收款回单、销售发票、出库单等)。

11月3日,短期经营租入管理用办公设备一批,月租金2 000元(含增值税),每季末一次性支付本季度租金,月末计提租金(原始凭证主要包括租赁合同等)。

11月4日,本月公司发生短期借款利息15 000元,取得的利息收入3 000元(原始凭证主要包括银行利息回单、借款合同等)。

11月5日,期末计提11月员工工资465 000元(原始凭证主要包括工资计算明细表等)。

11月6日,购入交易性金融资产,共支付价3 600 000元(其中包含已宣告但尚未发放的现金股利100 000元),另支付相关交易费用10 000元,取得并经税务机关认证的增值税税额为600元(原始凭证主要包括银行付款回单、金融资产相关票据等)。

操作步骤:

(1)在企业应用平台中,点击菜单重注册,以总账会计身份(丁香)进入。

(2)点击业务工作选项卡中总账—填制凭证,进入填制凭证窗口。

(3)点击增加按钮,选择记账凭证。

(4)录入借方凭证摘要,通过参照按钮选择借方会计科目,录入借方金额;回车键录入贷方凭证摘要,通过参照按钮选择贷方会计科目,录入贷方金额。录入附单据数(原始凭证),辅助核算类选择会计科目辅助核算如项目、部门、客户等。银行账会计科目选择结算方式。

(5)点击保存,系统弹出凭证保存成功信息提示框,点击确定。

(6)点击作废,凭证打上作废标志。点击恢复,凭证作废标志删除。

提示:

(1)按照权责分离内控要求,账套主管不能是凭证制单人。

(2)凭证填制完成后,在没有审核或出纳签字前可以直接修改和作废,经审核或出纳签字后的凭证取消签字后能够修改和作废。

2. 审核凭证

操作步骤:

(1)在企业应用平台中,点击菜单重注册,以账套主管或其他审核人的会计身份进入。

(2)点击业务工作选项卡中总账—审核凭证,进入审核凭证窗口。

(3)点击审核。

提示:

(1)按照权责分离控制要求,制单人和审核人不能是同一个人。

(2)凭证审核可以单张进行审核,也可成批进行审核。

3.出纳签字/主管签字

操作步骤:

(1)在企业应用平台中,点击菜单重注册,以出纳会计身份(白兰)进入。

(2)点击业务工作选项卡中总账—出纳签字,显示出纳签字列表(图3.6)。

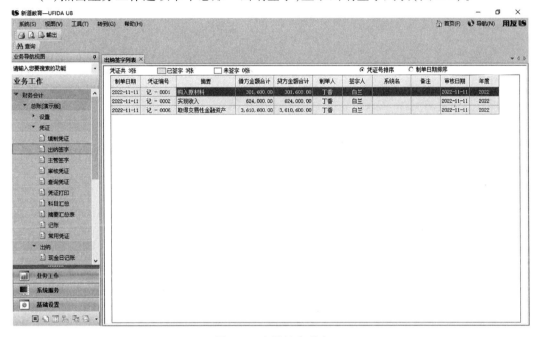

图 3.6 出纳签字列表

(3)双击需要签字的凭证(图3.7)点击签字。

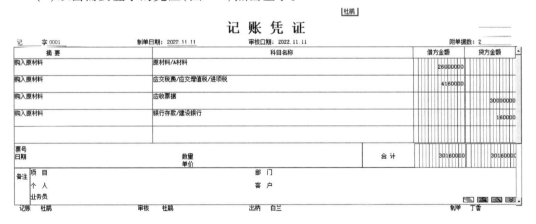

图 3.7 出纳签字凭证

提示:

(1)需要出纳签字的凭证为会计科目中库存现金、银行存款的记账凭证,可以在选项中的权限进行控制(图3.8)。

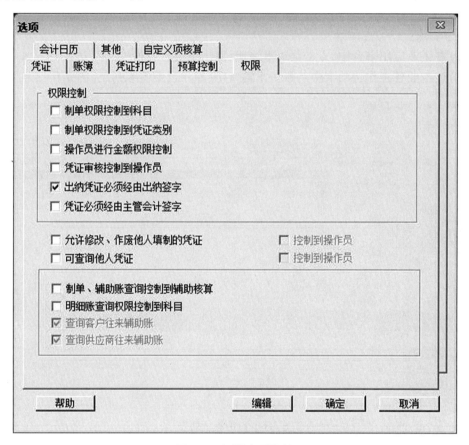

图 3.8　权限选项控制

(2)主管签字操作流程同出纳签字,这里的主管和账套主管可以是同一个人,也可以不是同一个人,属于系统内部控制。

4. 记账

操作步骤:

(1)在企业应用平台中,点击菜单重注册,以账套主管或其他审核人的身份进入。

(2)点击业务工作选项卡中总账—记账,打开记账对话框。

(3)选择记账范围,点击确定(图3.9)。

第3章　总账系统

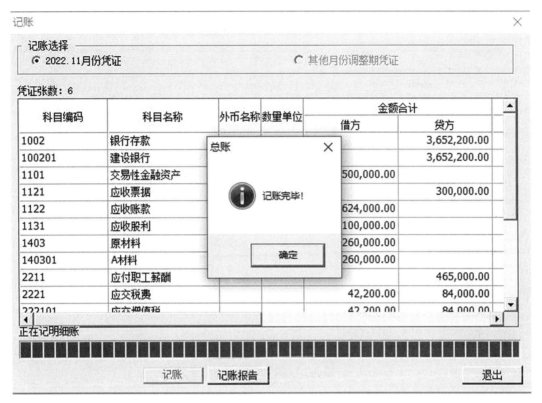

图3.9　记账

提示：

（1）期初余额试算不平衡不允许记账。

（2）本期记账凭证未审核不允许记账。

（3）上月未结账本月不允许记账。

（4）已经记账的凭证不能够修改和删除，可以采用红字冲销凭证或者补充调整凭证更正错账。

（5）系统提供了反记账流程，在期末对账界面按 Ctrl+H 键激活恢复记账前状态流程，按照《企业会计信息化工作规范》不得随便使用。

5.凭证查询

操作步骤：

（1）点击业务工作选项卡中总账—查询凭证，打开凭证查询对话框。

（2）选择已记账、未记账、全部凭证进行查询，双击进行查询（图3.10至图3.16）。

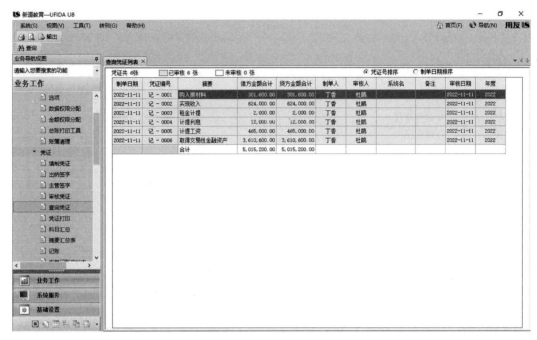

图 3.10 查询全部凭证

记 账 凭 证

记　　字 0001	制单日期：2022.11.11	审核日期：2022.11.11		附单据数：2
摘　要	科目名称		借方金额	贷方金额
购入原材料	原材料/A材料		26000000	
购入原材料	应交税费/应交增值税/进项税		4160000	
购入原材料	应收票据			30000000
购入原材料	银行存款/建设银行			160000
票号 日期	数量 单价	合计	30160000	30160000
备注 项目 个人 业务员		部门 客户		
记账 杜鹃	审核 杜鹃	出纳	制单 丁香	

图 3.11 查询凭证 1

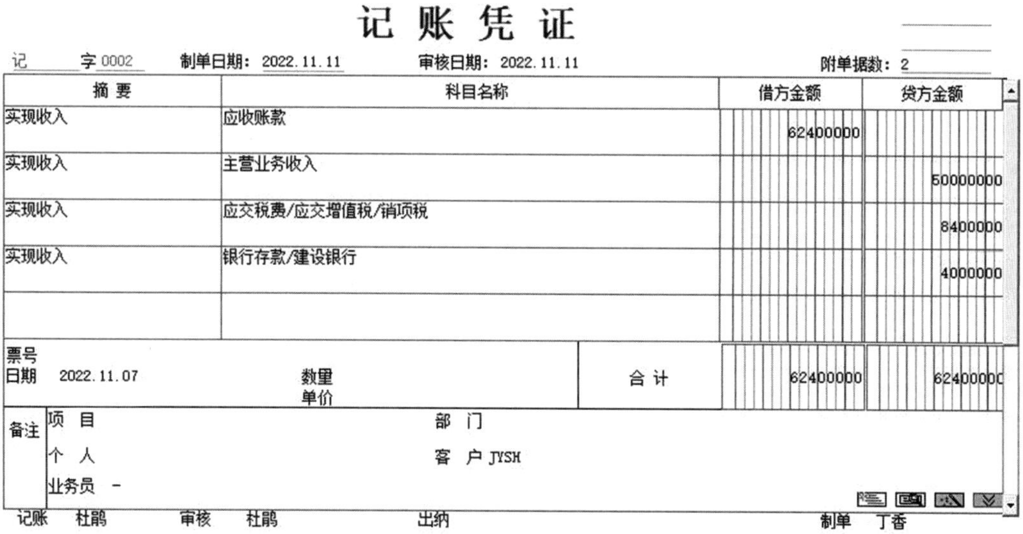

第 3 章 总 账 系 统

记 账 凭 证

记 字 0002　　制单日期：2022.11.11　　审核日期：2022.11.11　　附单据数：2

摘 要	科目名称	借方金额	贷方金额
实现收入	应收账款	62400000	
实现收入	主营业务收入		50000000
实现收入	应交税费/应交增值税/销项税		8400000
实现收入	银行存款/建设银行		4000000

票号日期：2022.11.07　　数量/单价　　合计　62400000　62400000

备注　项目　　　部门
　　　个人　　　客户 JYSH
　　　业务员 -

记账 杜鹃　　审核 杜鹃　　出纳　　　　制单 丁香

图 3.12　查询凭证 2

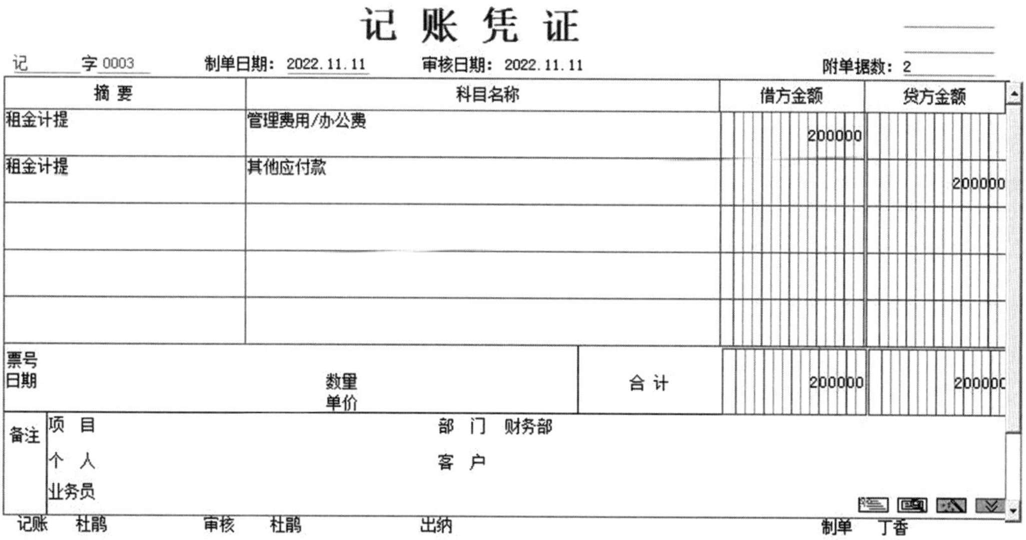

记 账 凭 证

记 字 0003　　制单日期：2022.11.11　　审核日期：2022.11.11　　附单据数：2

摘 要	科目名称	借方金额	贷方金额
租金计提	管理费用/办公费	200000	
租金计提	其他应付款		200000

票号日期　　数量/单价　　合计　200000　200000

备注　项目　　　部门 财务部
　　　个人　　　客户
　　　业务员

记账 杜鹃　　审核 杜鹃　　出纳　　　　制单 丁香

图 3.13　查询凭证 3

记账凭证

记 字 0004　　制单日期：2022.11.11　　审核日期：2022.11.11　　附单据数：2

摘要	科目名称	借方金额	贷方金额
计提利息	财务费用	1200000	
计提利息	应付利息		1200000
	合计	1200000	1200000

备注　项目　　　　　　　部门
　　　个人　　　　　　　客户
　　　业务员

记账 杜鹃　审核 杜鹃　出纳　　　　　　　制单 丁香

图 3.14　查询凭证 4

记账凭证

记 字 0005　　制单日期：2022.11.11　　审核日期：2022.11.11　　附单据数：2

摘要	科目名称	借方金额	贷方金额
计提工资	销售费用/工资	46500000	
计提工资	应付职工薪酬		46500000
	合计	46500000	46500000

备注　项目　　　　　　　部门 财务部
　　　个人　　　　　　　客户
　　　业务员

记账 杜鹃　审核 杜鹃　出纳　　　　　　　制单 丁香

图 3.15　查询凭证 5

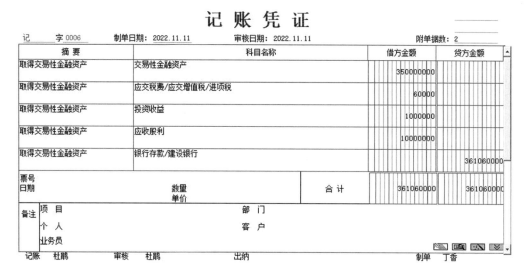

图 3.16 查询凭证 6

6. 账簿查询

操作步骤：

(1)点击业务工作选项卡中总账—科目账—总账,打开总账查询对话框。

(2)点击业务工作选项卡中总账—科目账—明细账,打开查询应交税费明细账和查询银行日记账对话框(图 3.17 和图 3.18)。

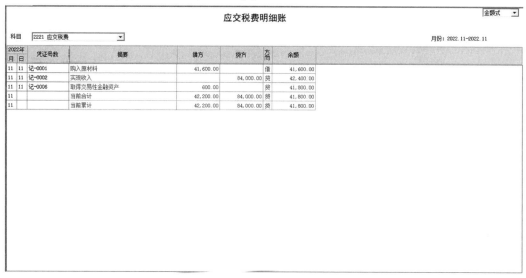

图 3.17 查询应交税费明细账

(3)点击业务工作选项卡中总账—科目账—余额表,打开发生额及余额表对话框(图 3.19)。

(4)点击业务工作选项卡中总账—科目账—多栏账,打开多栏账对话框。

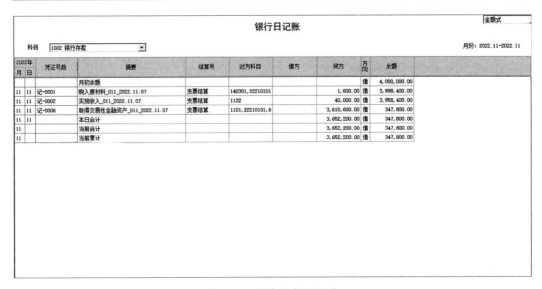

金额式

银行日记账

科目 1002 银行存款　　　　月份：2022.11-2022.11

2022年		凭证号数	摘要	结算号	对方科目	借方	贷方	方向	余额
月	日								
			月初余额					借	4,000,000.00
11	11	记-0001	购入原材料_011_2022.11.07	支票结算	140301,22210101		1,600.00	借	3,998,400.00
11	11	记-0002	实现收入_011_2022.11.07	支票结算	1122		40,000.00	借	3,958,400.00
11	11	记-0006	取得交易性金融资产_011_2022.11.07	支票结算	1101,22210101,6		3,610,600.00	借	347,800.00
11	11		本日合计				3,652,200.00	借	347,800.00
11			当前合计				3,652,200.00	借	347,800.00
11			当前累计				3,652,200.00	借	347,800.00

图 3.18　查询银行日记账

简易桌面　发生额及余额表 ×

金额式

发生额及余额表

月份：

科目编码	科目名称	期初余额		本期发生		期末余额	
		借方	贷方	借方	贷方	借方	贷方
1001	库存现金	5,000.00				5,000.00	
1002	银行存款	4,000,000.00			3,652,200.00	347,800.00	
1101	交易性金融资产			3,500,000.00		3,500,000.00	
1121	应收票据	300,000.00			300,000.00		
1122	应收账款	800,000.00		624,000.00		1,424,000.00	
1131	应收股利			100,000.00		100,000.00	
1403	原材料	100,000.00		260,000.00		360,000.00	
1405	库存商品	100,000.00				100,000.00	
1601	固定资产	255,000.00				255,000.00	
资产小计		5,560,000.00		4,484,000.00	3,952,200.00	6,091,800.00	
2001	短期借款		260,000.00				260,000.00
2202	应付账款		300,000.00				300,000.00
2211	应付职工薪酬				465,000.00		465,000.00
2221	应交税费			42,200.00	84,000.00		41,800.00
2231	应付利息				12,000.00		12,000.00
2241	其他应付款				2,000.00		2,000.00
负债小计			560,000.00	42,200.00	563,000.00		1,080,800.00
4001	实收资本		5,000,000.00				5,000,000.00
权益小计			5,000,000.00				5,000,000.00
6001	主营业务收入				500,000.00		500,000.00
6111	投资收益			10,000.00		10,000.00	
6601	销售费用			465,000.00		465,000.00	
6602	管理费用			2,000.00		2,000.00	
6603	财务费用			12,000.00		12,000.00	
损益小计				489,000.00	500,000.00	489,000.00	500,000.00
合计		5,560,000.00	5,560,000.00	5,015,200.00	5,015,200.00	6,580,800.00	6,580,800.00

图 3.19　查询发生额及余额表

(5)点击业务工作选项卡中总账—科目账—往来辅助账，打开往来科目账对话框。

提示：

(1)一级会计科目的账簿称为总分类账,二级以后会计科目的账簿称为明细分类账。分类账一般形式为借方、贷方和余额三栏式。

(2)科目余额表包括总账科目期初余额、本期发生和期末余额。

3.5 总账系统的期末处理

1. 期末转账

操作步骤：

(1)在企业应用平台中,点击菜单重注册,以总账会计身份进入。

(2)点击业务工作选项卡中总账—期末—转账定义—期间损益,打开期间损益结转设置对话框(图3.20)。

图 3.20　期间损益结转设置

(3)选择凭证类别为记,本年利润科目选择本年利润科目或者利润分配未分配利润科目。

(4)选择期间损益结转的科目,可全选,点击确定。完成期末转账生成期间损益结转,可全选,点击确定(3.21)。

图 3.21 期末转账生成

(5)期末转账凭证为系统机制凭证,点击保存(图3.22)。

(6)点击菜单重注册,以账套主管或其他审核人身份进入。

(7)点击业务工作选项卡中总账—审核,完成期末结转损益凭证的审核。

(8)点击业务工作选项卡中总账—记账,完成期末结转损益凭证的记账。

提示:

(1)本期所有凭证全部记账完毕后进行期末转账。

(2)期末结转凭证也须审核记账。

(3)收入类会计科目经济业务发生时记在贷方,转账时记在借方。成本费用类会计科目发生时记在借方,转账时记在贷方。汇兑损益、公允价值变动损益、投资收益等根据科目余额方向进行结转。

借:本年利润

 贷:主营业务成本(虚账户,期末无余额)

  管理费用(虚账户,期末无余额)

  财务费用(虚账户,期末无余额)

  销售费用(虚账户,期末无余额)

营业税金及附加(虚账户,期末无余额)

资产减值损失(虚账户,期末无余额)

其他业务支出(虚账户,期末无余额)

营业外支出(虚账户,期末无余额)

借:主营业务收入(虚账户,期末无余额)

其他业务收入(虚账户,期末无余额)

营业外收入(虚账户,期末无余额)

贷:本年利润(过度账户,期末无余额)

借:本年利润(过度账户,期末无余额)

贷:利润分配——未分配利润(实账户,期末有余额)

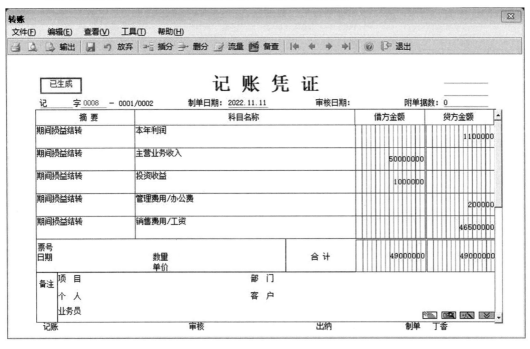

图 3.22 期末转账凭证

2.期末对账

操作步骤:

(1)点击业务工作选项卡中总账—期末—对账,打开对账对话框。

(2)选择对账月份,点击菜单对账,系统对账完成后显示 Y 标志(图 3.23)。

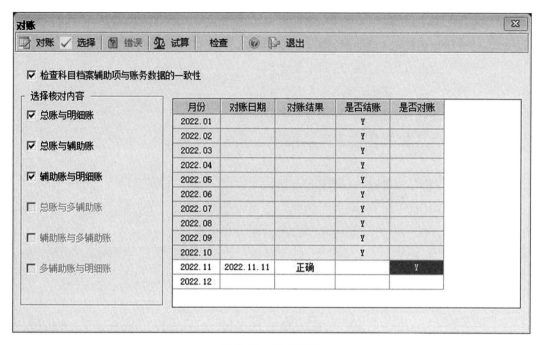

图 3.23　期末对账

3. 期末结账

操作步骤：

(1) 点击业务工作选项卡中总账—期末—结账，打开结账对话框(图 3.24)。

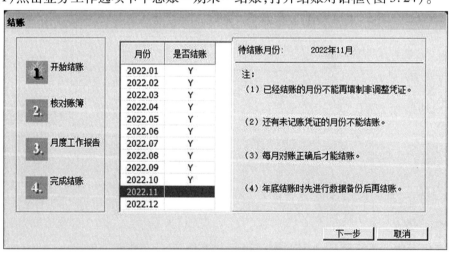

图 3.24　期末结账

(2) 点击结账，系统开始结账，核对账簿，进行结账检查，提示月度工作报告。

(3) 点击下一步，完成结账。

提示：

（1）若系统提示未通过工作检查，不可结账，则可能原因是损益类会计科目余额不为零；试算结果不为零。其他核算系统如应收、应付、固定资产、薪酬管理启用后未通过结账。

（2）系统结账后，本月不能再进行其他处理。

（3）系统提供了反结账流程，在期末结账界面按 Ctrl+Shift+F6 键激活取消结账流程，按照《企业会计信息化工作规范》不得随便使用。

4. 账套备份

操作步骤：

（1）点击系统管理菜单中的账套—输出，打开账套输出对话框。

（2）选择账套号和账套备份路径，建议输出文件位置选择 C:\ 以外。

（3）确认按钮，系统进行账套数据输出，完成后，弹出输出成功。

提示：

系统管理员 admin 账套进行所有账套的输出和引入；账套主管进行年度账的输出和引入。账套输出成功后保存为一个文件夹，有两个文件：一个 BAK 文件，一个 LST 文件。

第4章 会计报表系统

4.1 会计报表系统的流程概述

2008年11月,财政部牵头组织工业和信息化部、审计署、人民银行、国家税务总局、国资委、银监会、证监会和保监会等九部委联合成立了会计信息化委员会和XBRL中国地区组织,开设了官方网站(http://www.XBRL-cn.org)。2010年10月,财政部发布了企业会计准则通用分类标准,国家标准化管理委员会发布了财政部组织制定的XBRL技术规范系列国家标准,两项标准的制定发布标志着XBRL在我国的各项应用有了统一的架构和规范。《财政部关于发布企业会计准则通用分类标准的通知》(财会〔2010〕20号)是采用XBRL表述的会计准则,统一定义了财务报告共同信息元素及元素间关系,是企业会计准则的重要组成部分。《可扩展商业报告语言(XBRL)技术规范》系列国家标准包括《可扩展商业报告语言(XBRL)技术规范 第1部分:基础》(GB/T 25500.1—2010)、《可扩展商业报告语言(XBRL)技术规范 第2部分:维度》(GB/T 25500.2—2010)、《可扩展商业报告语言(XBRL)技术规范 第3部分:公式》(GB/T 25500.3—2010)、《可扩展商业报告语言(XBRL)技术规范 第4部分:版本》(GB/T 25500.4—2010)。

XBRL国际组织的定义是:XBRL is a member of the family of languages based on XML, or Extensible Markup Language, which is a standard for the electronic exchange of data between businesses and on the internet. Under XML, identifying tags are applied to items of data so that they can be processed efficiently by computer software. (XBRL是基于XML的一门语言,作为互联网企业电子数据交换的标准,所有数据元素都被赋予标签,并被计算机高效处理。XBRL是一种新兴的电子财务报告格式,解决了传统电子财务报告在转换和利用上的低效率。)

XBRL基本框架主要由技术规范(Specification)、分类标准(Taxonomy)和实例文档(Instance Document)三部分组成。XBRL技术规范是XBRL技术的总纲,定义了各类专业术语,规范了XBRL文档的结构,说明了如何建立分类标准以及实例文档。它是由XBRL国际组织制定的技术说明书,是分类标准的制定和扩展、软件开发及相关应用均需遵循的共同技术标准。XBRL分类标准是根据XBRL技术规范对商业报告中的元素及其关系进行标记和描述的业务词典,是编制 XBRL 格式报告即实例文档的具体标准。它是不同国家、行业或团体在 XBRL 技术规范的基础上,结合自身的实际情况而制定的,是 XBRL 应用的重要环节。XBRL 实例文档是根据 XBRL 技术规范,按照 XBRL 分类标准制作的实际财务或商业数据文件,它是 XBRL 数据的重要载体,也是 XBRL 具体应用的关键所在。

4.2　会计报表系统的功能模块

- 用友 UFO 报表系统自动生成资产负债表
- 用友 UFO 报表系统自动生成利润表
- 吉贝克企业 XBRL 报告平台新建、编制和校验报表

4.3　会计报表系统的操作流程

1. 用友 UFO 报表系统自动生成资产负债表

操作步骤:

(1)点击开始—程序—用友 U8—企业应用平台,以账套主管身份登录。

(2)点击业务工作选项,点击 UFO 报表,进入 UFO 报表界面。

(3)点击文件菜单下的新建。

(4)点击格式菜单下的格式—报表模板,选择所在的行业 2007 年新会计制度科目,选择资产负债表,点击确认(图 4.1)。

(5)进入格式状态,检查资产负债表公式单元,录入编制单位和时间。

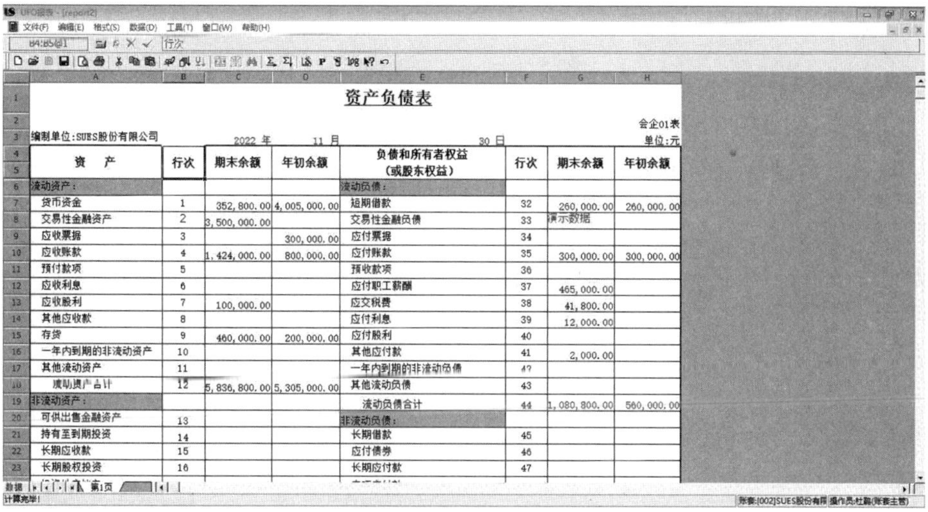

资产负债表

会企01表

编制单位:SUES股份有限公司　2022 年　11 月　30 日　单位:元

资　产	行次	期末余额	年初余额	负债和所有者权益（或股东权益）	行次	期末余额	年初余额
流动资产:				流动负债:			
货币资金	1	352,800.00	4,005,000.00	短期借款	32	260,000.00	260,000.00
交易性金融资产	2	3,500,000.00		交易性金融负债	33	演示数据	
应收票据	3		300,000.00	应付票据	34		
应收账款	4	1,424,000.00	800,000.00	应付账款	35	300,000.00	300,000.00
预付款项	5			预收款项	36		
应收利息	6			应付职工薪酬	37	465,000.00	
应收股利	7	100,000.00		应交税费	38	41,800.00	
其他应收款	8			应付利息	39	12,000.00	
存货	9	460,000.00	200,000.00	应付股利	40		
一年内到期的非流动资产	10			其他应付款	41	2,000.00	
其他流动资产	11			一年内到期的非流动负债	42		
流动资产合计	12	5,836,800.00	5,305,000.00	其他流动负债	43		
非流动资产:				流动负债合计	44	1,080,800.00	560,000.00
可供出售金融资产	13			非流动负债:			
持有至到期投资	14			长期借款	45		
长期应收款	15			应付债券	46		
长期股权投资	16			长期应付款	47		

图 4.1　生成资产负债表

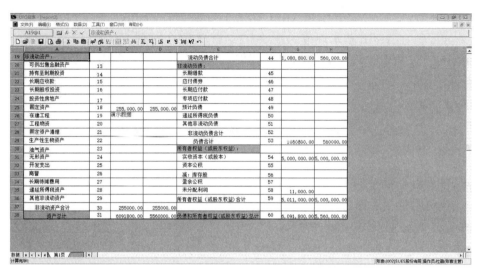

续图 4.1

(6)进入数据状态,点击数据菜单下的整表重算,检查资产负债表数据是否平衡。

提示:

UFO 报表提供了自定义报表的流程,并且可以进行公式修改。

2. 用友 UFO 报表系统自动生成利润表

操作步骤:

(1)点击文件菜单下的新建。

(2)点击格式菜单下的格式—报表模板,选择所在的行业 2007 年新会计制度科目,选择利润表,点击确认(图 4.2)。

(3)进入格式状态,检查利润表公式单元,录入编制单位和时间。

图 4.2 生成利润表

(4)进入数据状态,点击数据菜单下的整表重算,检查利润表数据。

提示:

UFO 报表提供了自定义报表的流程,并且可以进行公式修改。

3.吉贝克企业 XBRL 报告平台新建、编制和校验报告

操作步骤:

(1)远程登录吉贝克企业 XBRL 报告平台 http://116.228.4.126:33065/XBRL_QY/,录入用户名、密码和验证码(图4.3)。

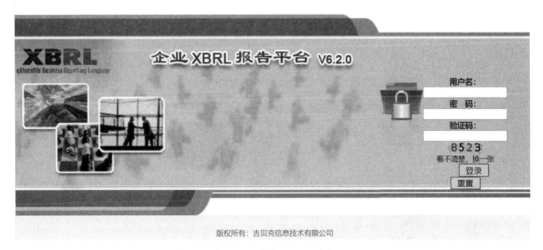

图 4.3　登录 XBRL 平台

(2)点击新建,录入 XBRL 报告信息(表4.1 和图4.4)。

表4.1　XBRL 报告信息

报告新建	报告信息
扩展元素前缀	企业英文简称 SUES
扩展元素名称空间	http://www.SUES/cas/20××-12-31
报告年度	20××
报告类型	年报
货币单位	元

图4.4 新建XBRL报告

(3)点击编制,编辑XBRL元素(图4.5)、资产负债表(图4.6)和利润表数据,校验XBRL报告(图4.7)。

图4.5 编辑XBRL元素

第 4 章 会计报表系统

图 4.6　编辑资产负债表

图 4.7　校验 XBRL 报告

第5章　销售与应收系统

5.1　销售与应收系统的流程概述

应收款管理系统主要实现企业与客户之间赊销业务往来账款的核算与管理。在应收款管理系统中，以销售发票、其他应收单等原始单据为依据，记录销售业务及所形成的往来款项，处理应收款项的发生、收回、坏账以及制单，实现对应收款的管理。

5.2　销售与应收系统的功能模块

- 应收系统账套初始化
- 设置基本科目
- 设置结算方式科目
- 设置坏账准备科目
- 设置账龄区间
- 设置报警级别
- 录入期初销售发票
- 录入期初其他应收单
- 对账
- 填制销售发票
- 填制其他应收单
- 审核销售发票和其他应收单
- 销售发票和应收单制单
- 填制收款单
- 审核收款单
- 收款单核销
- 收款单制单

- 发生坏账
- 坏账收回
- 查询销售发票和应收单
- 查询收款单
- 查询应收账龄和欠款分析
- 查询业务总账
- 查询科目账
- 结账
- 账套备份

5.3 销售与应收系统的基础设置

1. 应收系统账套初始化

操作步骤:

(1)在用友 U8 企业应用平台中,打开业务工作选项,点击财务会计—应收款管理—设置—选项,打开账套参数设置对话框。

(2)点击编辑按钮,可对应收款管理系统账套参数包括常规、凭证、权限与预警、核销进行设置(图5.1)。

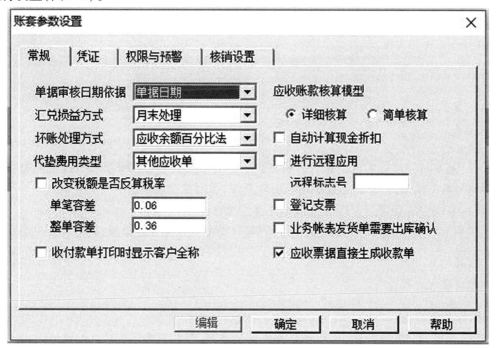

图 5.1 账套初始化

(3)点击确定按钮。

提示:

在企业应用平台的基础设置中,需要启用应收款管理系统。

2. 设置基本科目

操作步骤:

(1)在应收款管理系统中,点击设置—初始设置,打开初始设置窗口。

(2)选择设置科目—基本科目设置选项,点击增加按钮,从基本科目种类列表中选择应收科目选择1122应收账款;预收科目选择2203预收账款;销售收入科目选择6001主营业务收入;销售退回科目选择6001主营业务收入;银行承兑科目选择1121应收票据;商业承兑科目选择1121应收票据;现金折扣科目选择6603财务费用;票据利息科目选择6603财务费用(图5.2)。

图 5.2 设置基本科目

提示:

(1)基本科目设置中所设置的应收账款、预收账款等应在总账系统中设置其辅助核算内容为客户往来,并且其受控系统为应收系统,否则在这里不能进行初始设置。

(2)系统生成凭证时直接选用基本科目,否则只能手工录入。

(3)如果应收科目、预收科目按不同的客户或客户分类分别设置,则可在控制科目设置中完成。

3. 设置结算方式科目

操作步骤:

(1)在初始设置窗口中,选择结算方式科目设置,进入结算方式科目设置窗口。

(2)点击增加按钮,在结算方式栏下拉列表中选择银行存款;点击币种栏,选择人民币;在科目栏录入或选择1002银行存款明细科目。继续设置其他的结算方式科目(图5.3)。

图 5.3　设置结算方式科目

提示：

(1)结算方式科目设置是针对已经设置的结算方式设置相应的结算科目,否则只能手工录入。

(2)常用的结算方式有现金支票结算方式、转账支票结算方式、银行汇票结算方式、银行本票结算方式、贷记凭证结算方式、信汇结算方式、电汇结算方式等。

4. 设置坏账准备科目

操作步骤：

(1)在初始设置窗口中,选择坏账准备设置,打开坏账准备设置窗口,录入提取比率0.05,坏账准备期初余额0,坏账准备科目选择1231 坏账准备,坏账准备对方科目选择6602 管理费用。

(2)点击确定按钮。

提示：

(1)此处的初始设置是与选项中所选择的坏账处理方式即应收账款余额百分比法相对应。如果在系统选项中默认坏账处理方式为直接转销,则不用进行坏账准备设置。

(2)坏账准备的期初余额应与总账系统中所录入的坏账准备的期初余额相一致。坏账准备的期初余额如果在借方,则用负号表示。

5. 设置账龄区间

操作步骤：

(1)在初始设置窗口中,选择账期内账龄区间设置。

(2)在总天数栏录入 10,按回车键,再在总天数栏录入 30 后按回车键。以此方法继续录入其他的总天数(图5.4)。

(3)同样方法进行逾期账龄区间设置。

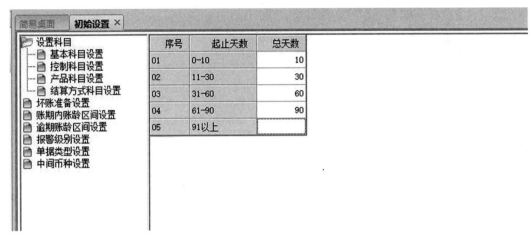

图 5.4 设置账龄期间科目

提示：

（1）序号由系统自动生成，不能修改和删除。总天数直接输入截止该区间的账龄总天数。最后一个区间不能修改和删除。

（2）账期内账龄区间设置总天数可为 10 天、30 天、60 天和 90 天。

（3）逾期账龄区间设置总天数可为 30 天、60 天、90 天和 120 天。

6. 设置报警级别

操作步骤：

（1）在初始设置窗口选择报警级别设置。

（2）在总比率栏录入 10，在级别名称栏录入 A，按回车键。以此方法继续录入其他的总比率和级别。A 级时的总比率为 10%，B 级时的总比率为 20%，C 级时的总比率为 30%，D 级时的总比率为 40%，E 级时的总比率为 50%，总比率在 50% 以上为 F 级（图 5.5）。

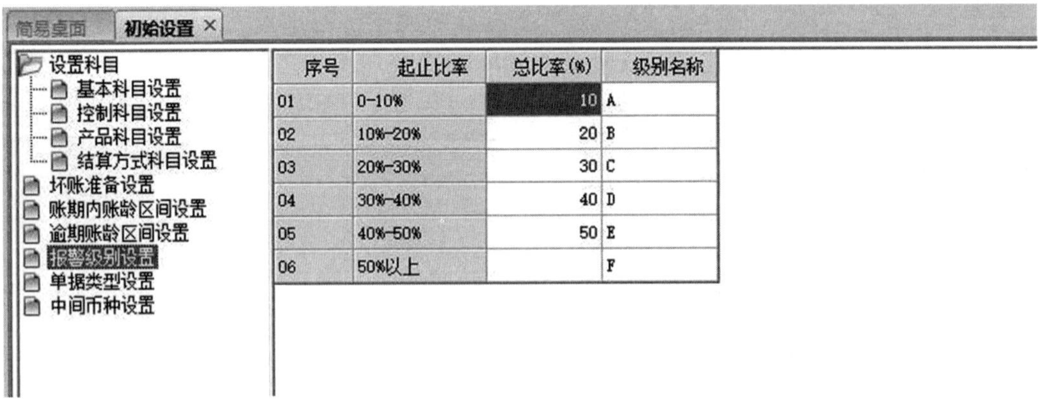

图 5.5 设置报警级别

提示:

序号由系统自动生成,不能修改、删除。应直接输入该区间的最大比率及级别名称。系统会根据输入的比率自动生成相应的区间。插入级别和删除级别后,各级比率会自动调整。

7. 录入期初销售发票

期初销售发票实验资料见表 5.1。

表 5.1 期初销售发票实验资料

客户	期初数
精益商行	3 510.00
利氏公司	3 430.00

操作步骤:

(1)在应收款管理系统中,点击设置—期初余额,进入期初余额查询窗口。
(2)点击确定按钮,进入期初余额明细表窗口。
(3)点击增加按钮,打开单据类别对话框。
(4)选择单据名称为销售发票,单据类型为销售专用发票,然后点击确定按钮,进入销售专用发票窗口。
(5)点击增加按钮。点击客户名称栏的参照按钮,选择精益商行,系统自动带出客户相关信息;在税率栏录入17;在科目栏录入1122 或点击科目栏参照按钮选择1122 应收账款(图 5.6)。

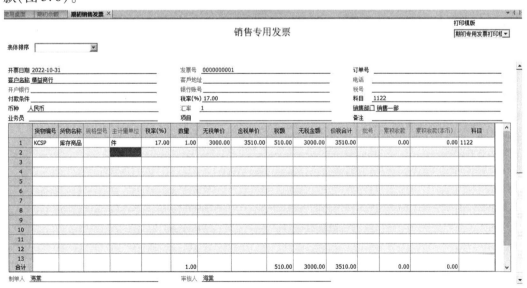

图 5.6 录入期初销售发票

(6)点击保存按钮。以此方法继续录入其他销售发票。

提示:

(1)在初次使用应收款管理系统时,应将启用应收款管理系统时所有客户的应收账款、预收账款、应收票据等科目期初数据录入到本系统。

(2)当进入下个年度或下个月份时,系统自动将上个年度或上个月份未核销的单据转为下个年度或下个月份的期初余额。

(3)可以通过基础设置中的单据设置对单据编号方式进行修改,如设置为完全手工编号(图5.7)。

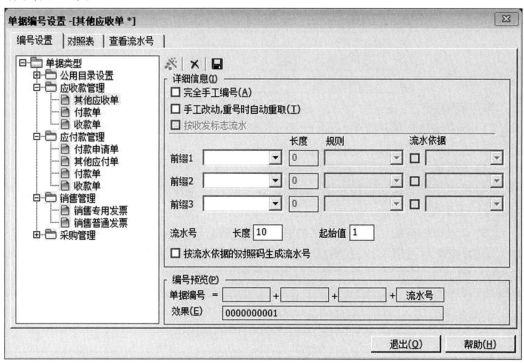

图 5.7　设置单据编号

8. 录入期初其他应收单

期初其他应收单实验资料见表5.2。

表 5.2　期初其他应收单实验资料

客户	期初数
昌新贸易公司	11 700.00
华宏供应站	23 400.00

操作步骤:

(1)在应收款管理系统中,点击设置—期初余额,进入期初余额查询窗口。

(2)点击确定按钮,进入期初余额明细表窗口。

(3)点击增加按钮,打开单据类别对话框。

(4)选择单据名称为其他应收单,单据类型为其他应收单,然后点击确定按钮,进入其他应收单窗口。

(5)点击增加按钮。点击客户名称栏的参照按钮,选择昌新贸易公司,系统自动带出客户相关信息(图5.8)。

图 5.8　录入期初其他应收单

(6)点击保存按钮。以此方法继续录入其他应收单。

9. 对账

操作步骤:

(1)在期初余额明细表窗口(图5.9)中,点击对账按钮,打开期初对账窗口(图5.10)。

图 5.9　查询期初余额明细表

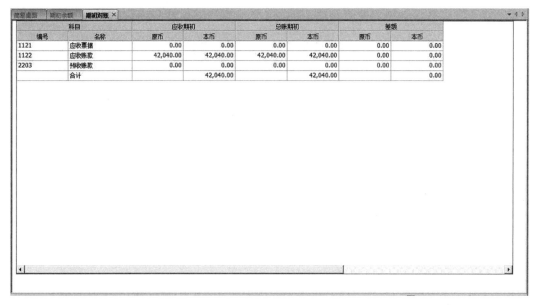

图 5.10 期初对账

(2)确认差额。

提示:

(1)当完成全部应收款项期初余额录入后,应通过对账流程将应收款管理系统期初余额与总账系统期初余额进行核对。

(2)结账后期初余额只能查询不能再修改。

5.4 销售与应收系统的业务处理

1. 填制销售发票

实验资料如下:

11月10日,向精益商行销售商品,款项未收,金额为100 000元,销项税额为17 000元,总金额为117 000元。

操作步骤:

(1)在应收款管理系统中,点击应收单据处理—应收单据录入,打开单据类别对话框。

(2)确认单据名称栏为销售发票、单据类型栏为销售专用发票后,单击确定按钮,打开销售专用发票窗口。

(3)点击增加按钮,录入订单号、开票日期、销售类型、订单号、客户、销售部门、存货名称、销售数量和金额等(图5.11)。

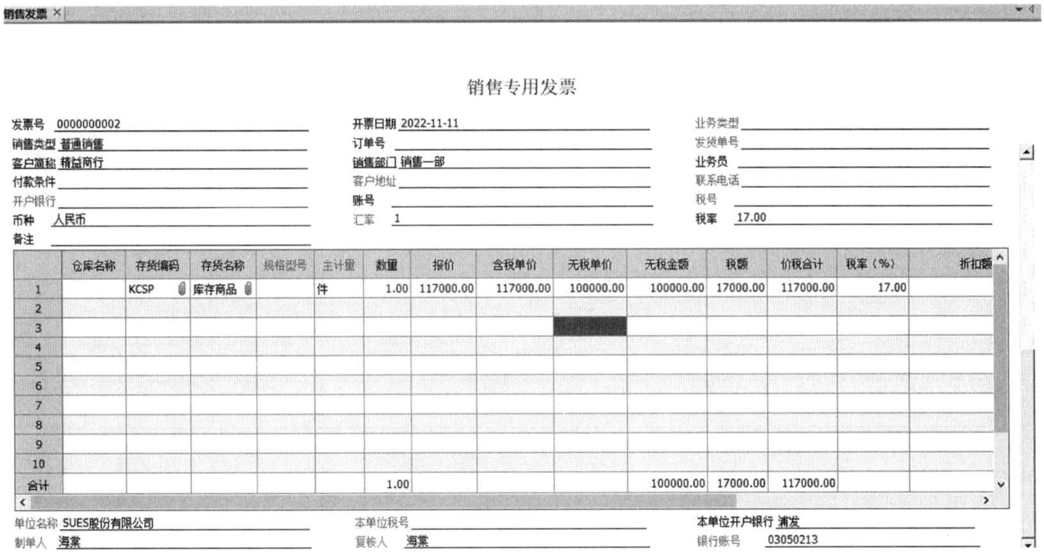

销售发票

销售专用发票

发票号 0000000002　开票日期 2022-11-11　业务类型

销售类型 普通销售　订单号　发货单号

客户简称 精益商行　销售部门 销售一部　业务员

付款条件　客户地址　联系电话

开户银行　账号　税号

币种 人民币　汇率 1　税率 17.00

备注

	仓库名称	存货编码	存货名称	规格型号	主计量	数量	报价	含税单价	无税单价	无税金额	税额	价税合计	税率(%)	折扣额
1		KCSP	库存商品		件	1.00	117000.00	117000.00	100000.00	100000.00	17000.00	117000.00	17.00	
2														
3														
4														
5														
6														
7														
8														
9														
10														
合计						1.00				100000.00	17000.00	117000.00		

单位名称 SUES股份有限公司　本单位税号　本单位开户银行 浦发

制单人 海棠　复核人 海棠　银行账号 03050213

图 5.11　填制销售发票

(4)点击保存按钮,再点击增加按钮,继续录入其他销售发票。

提示:

(1)销售发票与应收单是应收款管理系统日常核算的单据。

(2)在录入销售发票后可以直接进行审核,随后系统会提示是否立即制单,此时可以直接制单。如果录入销售发票后不直接审核,可以在审核流程中审核,再到制单流程中制单。已审核的单据在未进行制单之前应取消审核后再修改。

2.填制其他应收单

实验资料如下:

11 月 10 日,向利氏公司销售商品,款项未收。金额为 150 000 元,销项税额为25 500 元,总金额为 175 500 元。

操作步骤:

(1)在应收款管理系统中,点击应收单据处理—应收单据录入,打开单据类别对话框。

(2)点击单据名称栏,选择应收单,点击确定按钮,打开应收单窗口。

(3)修改单据日期;点击客户栏的参照按钮,选择客户;录入金额。在摘要栏录入赊销;在对应科目栏录入 6001,或点击科目栏的参照按钮,选择 6001 主营业务收入(图 5.12)。

(4)点击保存按钮,继续录入其他应收单。

图 5.12 填制其他应收单

3. 审核销售发票和其他应收单

操作步骤：

(1)在应收款管理系统中,点击应收单据处理—应收单据审核,打开应收单查询条件对话框。

(2)点击确定按钮,进入应收单据列表窗口(图 5.13)。

图 5.13 审核应收单据

(3)点击全选按钮。

(4)点击审核按钮。

(5)点击确定按钮。

4. 销售发票和应收单制单

操作步骤：

(1)在应收款管理系统中,点击制单处理,打开制单查询对话框。

(2)在制单查询对话框中,选择应收单制单和发票制单复选框。

(3)点击确定按钮,进入应收制单窗口。

(4)点击全选按钮,点击凭证类别栏,选择记账凭证。

(5)点击制单按钮,生成记账凭证(图 5.14)。

图 5.14 应收单制单

(6) 点击保存按钮。

提示：

(1) 在查询对话框中，系统默认制单内容为发票制单，如果需要选中其他内容制单，可以选中需要制单内容前的复选框。

(2) 凭证一经保存就传递到总账系统，再在总账系统中进行审核和记账等，外部凭证在总账系统中不能修改(图5.15)。

图 5.15 凭证修改控制

5. 填制收款单

实验资料如下：

收到精益商行汇来的货款 3 510 元，利氏公司汇来的货款 1 170 元及华宏供应站汇来的货款 23 400 元。

操作步骤：

(1) 在应收款管理系统中，点击收款单据处理—收款单据录入，打开收款单窗口。

(2) 点击增加按钮。点击客户栏参照按钮，选择客户；在结算方式栏录入或点击结算方式栏，选择贷记凭证；录入金额，在摘要栏录入收到货款。

(3) 点击保存按钮。点击增加按钮，继续录入。

提示：

在填制收款单后，可以直接点击核销按钮进行单据核销的操作。

6. 审核收款单

操作步骤：

（1）在应收款管理系统中，点击收款单据处理—收款单据审核，打开收款单过滤条件对话框。

（2）点击确定按钮，打开收付款单列表窗口（图5.16）。

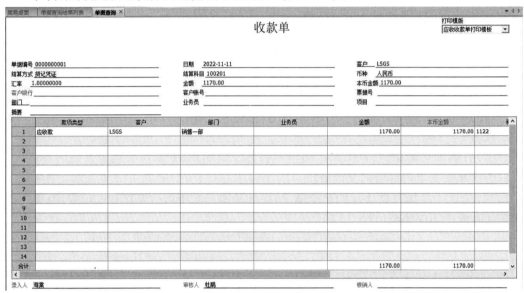

图 5.16 填制和审核收款单

（3）点击全选按钮。

（4）点击审核按钮，系统提示本次审核成功单据张数。

（5）点击确定按钮。

7. 收款单核销

操作步骤：

（1）在应收款管理系统中，点击核销处理—手工核销，打开核销条件对话框。

（2）点击客户栏的参照按钮，选择客户。

（3）点击确定按钮，进入单据核销窗口（图5.17）。在单据核销窗口中，将鼠标移动至需要核销的应收单据的本次结算金额栏，点击分摊按钮。

图 5.17 核销收款单

(4)点击保存按钮。

提示:

(1)在保存核销内容后,单据核销窗口中将不再显示已被核销的内容。

(2)核销时可以修改本次结算金额,但是不能大于该记录的原币金额。

(3)在结算单列表中,点击分摊按钮,系统将当前结算单列表中的本次结算金额合计自动分摊到被核销单据列表的本次结算栏中。核销顺序依据被核销单据的排序顺序。

(4)如果核销后未进行结账,可以通过其他处理中的取消操作流程取消核销(图5.18)。

图 5.18　取消核销操作

8.收款单制单

操作步骤:

(1)在应收款管理系统中,点击制单处理,进入制单查询对话框。

(2)在制单查询对话框中,选中收付款单制单。

(3)点击确定按钮,进入制单窗口。

(4)在制单窗口中,点击全选按钮。

(5)点击制单按钮,生成记账凭证(图5.19)。

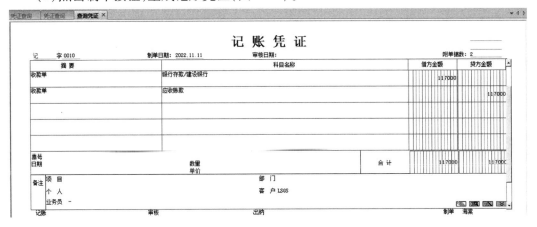

图 5.19　收款单制单

(6)点击保存按钮。

提示：

在制单流程中还可以根据需要进行合并制单。

9. 发生坏账

操作步骤：

(1)在应收款管理系统中，点击坏账处理—坏账发生，打开坏账发生对话框。

(2)将日期进行修改，在客户栏录入客户代码或点击客户栏的参照按钮，选择客户(图5.20)。

图 5.20 发生坏账

(3)点击确定按钮，进入发生坏账损失窗口。

(4)在本次发生坏账金额栏录入坏账金额。

(5)点击 OK 确认按钮，出现是否立即制单提示，点击是按钮，生成发生坏账的记账凭证(图5.21)。

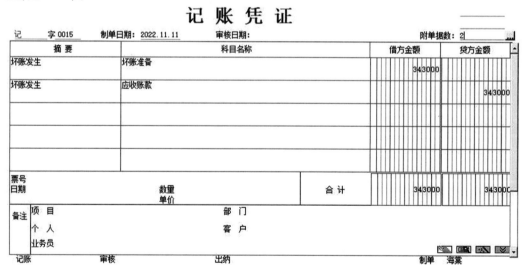

图 5.21 坏账发生凭证

提示：

坏账发生金额只能小于等于单据余额。

10. 坏账收回

操作步骤：
(1)在应收款管理系统中,点击坏账处理—坏账收回,打开坏账收回对话框。
(2)在客户栏录入客户代码或点击客户栏的参照按钮,选择客户;点击结算单号栏的参照按钮,选择结算单(图5.22)。

图 5.22　坏账收回

(3)点击确定按钮,系统提示是否立即制单,点击是按钮,生成一张坏账收回的记账凭证(图5.23),点击保存按钮。

图 5.23　坏账收回凭证

提示：
(1)在录入一笔坏账收回的款项时,应该注意不要把该客户的其他收款业务与该笔坏账收回业务录入到一张收款单中。

(2)坏账收回时制单不受系统选项中方向相反分录是否合并选项的控制。

5.5 销售与应收系统的期末处理

1. 查询销售发票和应收单

操作步骤：
(1)在应收款管理系统中，点击单据查询—发票查询，打开发票查询对话框。
(2)点击发票类型栏，选择销售发票，选择单据日期。
(3)点击确定按钮，进入发票查询窗口。

提示：
在发票查询流程中可以分别查询已审核、未审核、已核销及未核销的发票，还可以按发票号、单据日期、金额范围或余额范围等条件进行查询。

2. 查询收款单

操作步骤：
(1)在应收款管理系统中，点击单据查询—收付款单查询，打开收付款单查询对话框，选择单据类型为收款单。
(2)点击确定按钮，打开收付款单查询窗口(图5.24)。

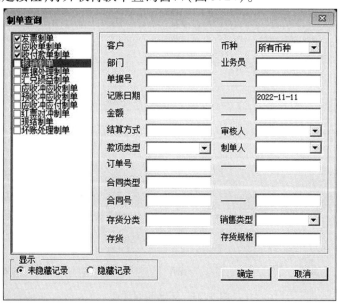

图 5.24　制单查询

提示：
(1)在单据查询流程中，可以查看、修改、删除或冲销由应收款管理系统生成并传递到总账系统中的记账凭证。

(2)未审核记账凭证被删除后,它所对应的原始单据及相应的操作内容可以重新制单。

3. 查询应收账龄和欠款分析

操作步骤:

(1)在应收款管理系统中,点击账表管理—统计分析—欠款分析,打开欠款分析对话框。

(2)选中所有条件。

(3)点击确定按钮,进入欠款分析(图5.25)。

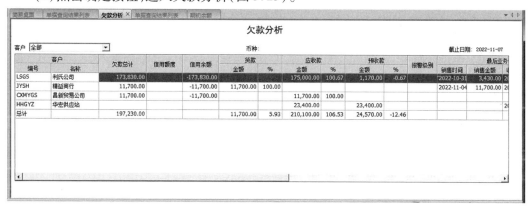

图 5.25　查询欠款分析

提示:

在统计分析流程中,可以基于定义的账龄区间进行一定期间内应收款账龄分析、收款账龄分析、往来账龄分析,了解各个客户应收款周转天数、周转率,了解各个账龄区间内应收款、收款及往来情况,及时发现问题,加强对往来款项账龄的监督管理。

4. 查询业务总账

操作步骤:

(1)在应收款管理系统中,点击账表管理—业务账表,打开业务账表对话框。

(2)点击确定按钮,打开业务总账。

提示:

业务总账查询是对一定期间内应收款汇总情况的查询。在业务总账查询的应收总账表中不仅可以查询本期应收款、本期收回应收款及应收款的余额情况,还可以查询到应收款的月回收率及年回收率。通过业务账表查询,可以及时发现问题,加强对往来款项的监督管理。

5. 查询科目账

操作步骤：

（1）在应收款管理系统中，点击账表管理—科目账查询—科目明细账或余额表，打开客户往来科目明细账或余额表对话框。

（2）点击确定按钮，打开科目明细账或余额表。

提示：

（1）科目账查询包括科目明细账和科目余额表。

（2）科目明细账查询可以查询客户往来科目下客户的往来明细账。细分为科目明细账、客户明细账、三栏明细账、部门明细账、项目明细账、业务员明细账等。

（3）科目余额表查询可以查询应收受控科目各个客户的期初余额、本期借方发生额合计、本期贷方发生额合计、期末余额。细分为科目余额表、客户余额表、三栏余额表、部门余额表、项目余额表、业务员余额表、客户分类余额表及地区分类余额表。

6. 结账

操作步骤：

（1）在应收款管理系统中，点击期末处理—月末结账，打开月末处理对话框。

（2）双击月份结账标志栏。

（3）点击下一步按钮，出现月末处理—处理情况表。

（4）点击完成按钮，系统弹出月份结账成功信息提示框。

（5）点击确定按钮。

提示：

如果当月业务已经全部处理完毕，应进行月末结账。只有当月结账后，才能开始下月的工作。进行月末处理时，一次只能选择一个月进行结账，前一个月未结账，则本月不能结账。在执行了月末结账后，该月将不能再进行任何处理。

7. 账套备份

操作步骤：

（1）点击系统管理菜单中的账套—输出，打开账套输出对话框。

（2）选择账套号和账套备份路径，建议输出文件位置选择 C:\以外。

（3）确认按钮，系统进行账套数据输出，完成后，弹出输出成功。

提示：

系统管理员 admin 账套进行所有账套的输出和引入；账套主管进行年度账的输出和引入。账套输出成功后保存为一个文件夹，有两个文件：一个 BAK 文件，一个 LST 文件。

第6章 采购与应付系统

6.1 采购与应付系统的流程概述

应付款管理系统主要实现企业与供应商之间赊购业务往来账款的核算与管理。在应付款管理系统中,以采购发票、其他应付单等原始单据为依据,记录采购业务及所形成的往来款项,处理应付款项的发生、支付以及制单,实现对应付款的管理。

6.2 采购与应付系统的功能模块

- 应付系统账套初始化
- 设置基本科目
- 设置结算方式科目
- 设置账龄区间
- 设置报警级别
- 录入期初采购发票
- 录入期初其他应付单
- 对账
- 填制采购发票
- 填制其他应付单
- 审核应付单据
- 采购发票和应付单制单
- 填制付款单
- 审核付款单
- 付款单核销
- 付款单制单
- 查询采购发票和应付单

- 查询付款单
- 查询应付账龄分析
- 查询业务总账
- 查询科目账
- 结账
- 账套备份

6.3 采购与应付系统的基础设置

1. 应付系统账套初始化

操作步骤：

(1)以账套主管登录到账套。在企业应用平台中,点击财务会计—应付款管理—设置—选项,打开账套参数设置对话框。

(2)点击编辑按钮,可对应付款管理系统账套参数包括常规、凭证、权限与预警、核销设置、收付款控制选项进行设置(图6.1)。

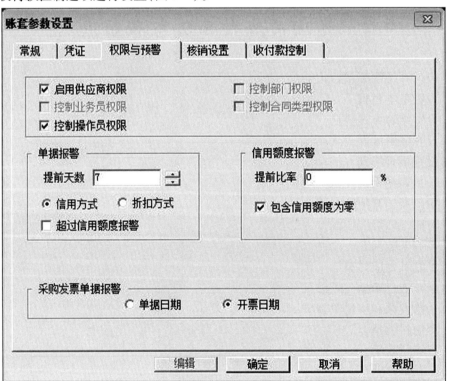

图 6.1 账套参数设置

(3)点击确定按钮。

提示：

在企业应用平台的基础设置中，需要启用应付款管理系统。

2. 设置基本科目

操作步骤：

(1)在应付款管理系统中，点击设置—初始设置，进入初始设置窗口。

(2)选择设置科目—基本科目设置，点击增加按钮，从基本科目种类列表中选择应付科目为2202应付账款，预付科目为1123预付账款，采购科目为1401材料采购，税金科目为22210101应交税费—应交增值税—进项税额，银行承兑科目为2201应付票据，商业承兑科目为2201应付票据，现金折扣科目为6603财务费用，票据费用科目为6603财务费用，收支费用科目为6601销售费用（图6.2）。

图6.2 设置基本科目

(3)选择基本科目设置，点市增加按钮，录入或选择应付科目及其他的基本科目。

提示：

(1)基本科目设置中所设置的应付账款等科目应在总账系统中设置其辅助核算内容为供应商往来，并且其受控系统为应付系统，否则在这里不能进行初始设置。

(2)系统生成凭证时直接选用基本科目，否则只能手工录入。

(3)如果应付科目、预付科目按不同的供应商或供应商分类分别设置，则可在控制科目设置中完成。

3. 设置结算方式科目

操作步骤：

(1)在初始设置窗口中，选择结算方式科目设置，进入结算方式科目设置窗口。

(2)点击结算方式栏，选择支票结算；点击币种栏，选择人民币；在科目栏录入或选择1002银行存款明细科目，按回车键。继续录入其他的结算方式科目（图6.3）。

图 6.3 设置结算方式科目

提示：

结算方式科目设置是针对已经设置的结算方式设置相应的结算科目，否则只能手工录入。

4. 设置账龄区间

操作步骤：

（1）在初始设置窗口中，选择账期内账龄区间设置。

（2）在总天数栏录入 30，按回车键，再在总天数栏录入 60 后按回车键。以此方法继续录入其他的总天数（图 6.4）。

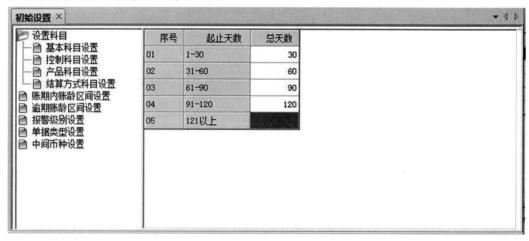

图 6.4 设置账龄区间

提示：

序号由系统自动生成，不能修改和删除。总天数直接输入截止该区间的账龄总天数。最后一个区间不能修改和删除。

5. 设置报警级别

操作步骤：

(1)在初始设置窗口中，选择报警级别设置。

(2)在总比率栏录入10，在级别名称栏录入A，按回车键。以此方法继续录入其他的总比率和级别。A 级时的总比率为10%，B 级时的总比率为20%，C 级时的总比率为30%，D 级时的总比率为40%，E 级时的总比率为50%，总比率在50%以上为 F 级(图6.5)。

图 6.5 设置报警级别

提示：

序号由系统自动生成，不能修改、删除。应直接输入该区间的最大比率及级别名称。系统会根据输入的比率自动生成相应的区间。插入级别和删除级别后，各级比率会自动调整。

6. 录入期初采购发票

期初采购发票实验资料见表6.1。

表 6.1 期初采购发票实验资料

供应商	期初数
金陵商行	58 500.00

操作步骤：

(1)在应付款管理系统中，点击设置—期初余额，打开期初余额查询对话框。

(2)点击确定按钮，进入期初余额明细表窗口。

(3)点击增加按钮，打开单据类别对话框。

(4)选择单据名称为采购发票，单据类型为采购专用发票，然后点击确定按钮，进入采购专用发票窗口。

(5)点击增加按钮。点击供应商名称栏的参照按钮,选择金陵商行,系统自动带出供应商相关信息,在税率栏录入17;在科目栏录入2202或点击科目栏参照按钮选择2202应付账款(图6.6)。

图6.6 录入期初采购发票

(6)点击保存按钮。以此方法继续录入其他采购发票。

提示:

(1)在初次使用应付款管理系统时,应将启用应付款管理系统时未处理完的所有供应商的应付账款、预付账款、应付票据等数据录入到本系统中。

(2)当进入下个年度或下个月份时,系统自动将上个年度或上个月份未付款的单据转为下个年度或下个月份的期初余额。

7. 录入期初其他应付单

操作步骤:

(1)在应付款管理系统中,点击设置—期初余额,打开期初余额查询对话框。

(2)点击确定按钮,进入期初余额明细表窗口。

(3)点击增加按钮,打开单据类别对话框。

(4)选择单据名称为应付单,单据类型为其他应付单,然后点击确定按钮,进入其他应付单窗口。

(5)点击增加按钮,修改日期,在供应商栏录入或单击供应商栏的参照按钮选择供应商。

(6)点击保存按钮。

8. 对账

操作步骤：

（1）在期初余额明细表窗口中，点击对账按钮，打开期初对账（图6.7）。

科目		应付期初		总账期初		差额	
编号	名称	原币	本币	原币	本币	原币	本币
1123	预付账款	0.00	0.00	0.00	0.00	0.00	0.00
2201	应付票据	0.00	0.00	0.00	0.00	0.00	0.00
2202	应付账款	58,500.00	58,500.00	58,500.00	58,500.00	0.00	0.00
	合计		58,500.00		58,500.00		0.00

图 6.7　期初对账

（2）确认差额。

提示：

（1）当完成全部应付款期初余额的录入后，应通过对账流程将应付系统期初余额与总账系统期初余额进行核对。

（2）会计期已结账后，期初余额只能查询不能再修改。

6.4　采购与应付系统的业务处理

1. 填制采购发票

实验资料如下：

向金陵商行购进原材料，款未付。金额为 75 600 元，进项税额 12 852 元，总金额为 88 452 元。

操作步骤：

（1）在应付款管理系统中，点击应付单据处理—应付单据录入，打开单据类别对话框。

（2）确认单据名称栏为采购发票，单据类型栏为采购发票后，点击确定按钮，打开采购发票窗口。

（3）点击增加按钮，录入发票类型、发票号、开票日期、供应商、采购类型、存货名称、销售数量和金额等（图6.8）。

（4）点击保存按钮，再点击增加按钮，继续录入采购发票。

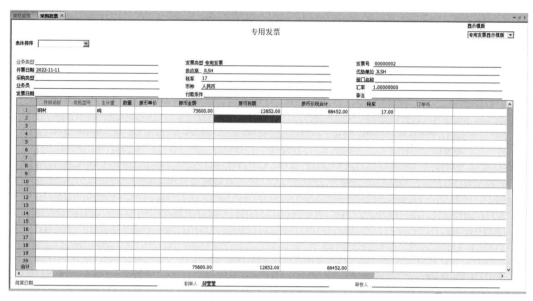

图 6.8 填制采购发票

提示：

（1）采购发票与应付单是应付款管理系统日常核算的单据。

（2）录入采购发票后可以直接进行审核，直接审核后系统会提示是否立即制单，此时可以直接制单。如果录入采购发票后不直接审核，可以在审核流程中审核，再到制单流程中制单。已审核的单据在未进行其他处理之前应取消审核后再进行修改。

2. 填制其他应付单

操作步骤：

（1）在应付款管理系统中，点击应付单据处理—应付单据录入，打开单据类别对话框。

（2）点击单据类型栏，选择其他应付单。

（3）点击确定按钮，打开其他窗口。

（4）点击增加按钮，修改开票日期。在供应商栏录入供应商代码或点击供应商栏的参照按钮选择供应商。

（5）点击保存按钮。

提示：

修改和删除操作同上。

3. 审核应付单据

操作步骤：

（1）在应付款管理系统中，点击应付单据处理—应付单据审核，打开应付单查询条件对话框。

(2)点击确定按钮,进入应付单据列表窗口(图 6.9)。

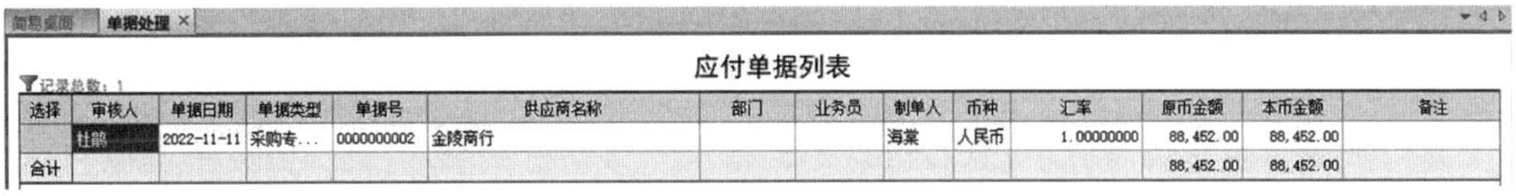

选择	审核人	单据日期	单据类型	单据号	供应商名称	部门	业务员	制单人	币种	汇率	原币金额	本币金额	备注
	杜鹃	2022-11-11	采购专...	0000000002	金陵商行			海棠	人民币	1.00000000	88,452.00	88,452.00	
合计											88,452.00	88,452.00	

图 6.9　审核应付单据

(3)点击全选按钮。

(4)点击审核按钮,系统提示本次审核成功单据。

(5)点击确定按钮。

4.采购发票和应付单制单

操作步骤:

(1)在应付款管理系统中,点击制单处理,打开制单查询对话框。

(2)在制单查询对话框中,选择应付单制单和发票制单复选框。

(3)点击确定按钮,进入应付制单窗口。

(4)点击全选按钮,点击凭证类别栏,选择记账凭证。

(5)点击制单按钮,生成记账凭证(图 6.10)。

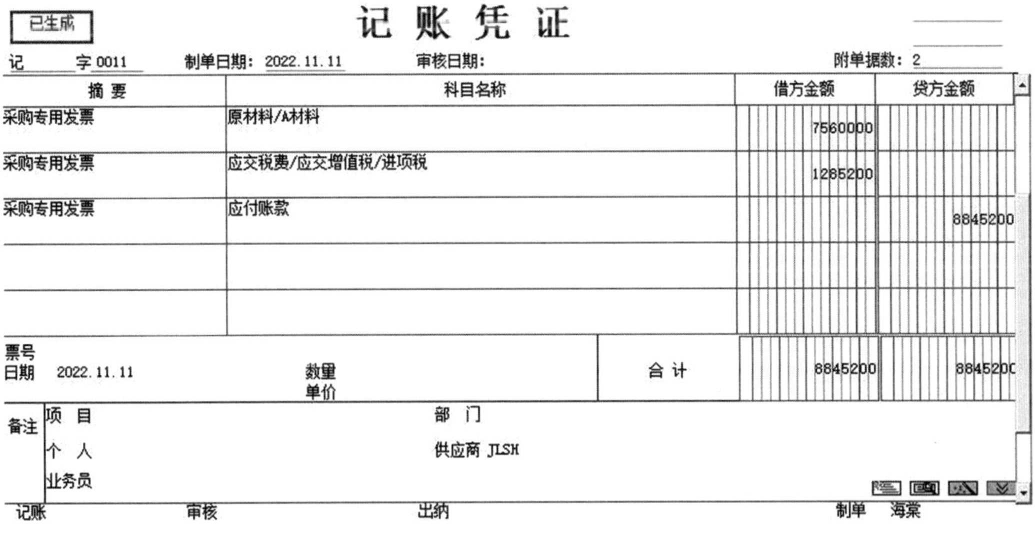

摘要	科目名称	借方金额	贷方金额
采购专用发票	原材料/A材料	7560000	
采购专用发票	应交税费/应交增值税/进项税	1285200	
采购专用发票	应付账款		8845200
票号 日期 2022.11.11	数量 单价	合计 8845200	8845200

图 6.10　应付单据制单

(6)点击保存按钮。

提示:

(1)在制单查询对话框中,系统已默认制单内容发票制单,如果需要选中其他内容进行制单,可以选中要制单内容前的复选框。

(2)凭证保存后传递到总账系统,再在总账系统中进行审核和记账等操作。

5. 填制付款单

操作步骤：

(1)在应付款管理系统中,点击付款单据处理—付款单据录入,进入付款单窗口。

(2)点击增加按钮。点击供应商栏参照按钮,选择供应商;在结算方式栏录入或点击结算方式栏,选择贷记凭证;录入金额,在摘要栏录入支付货款。

(3)点击保存按钮。再点击增加按钮,继续录入其他付款单。

提示：

在填制付款单后,可以直接点击核销按钮进行单据核销的操作。

6. 审核付款单

操作步骤：

(1)在应付款管理系统中,点击付款单据处理—付款单据审核,打开付款单查询条件对话框。

(2)点击确定按钮,打开收付款单列表窗口(图 6.11)。

选择	审核人	单据日期	单据类型	单据编号	供应商	部门	业务员	结算方式	票据号	币种	汇率	原币金额
	杜鹃	2022-11-11	付款单	0000000001	金陵商行			贷记凭证		人民币	1.00000000	58,500.00
合计												58,500.00

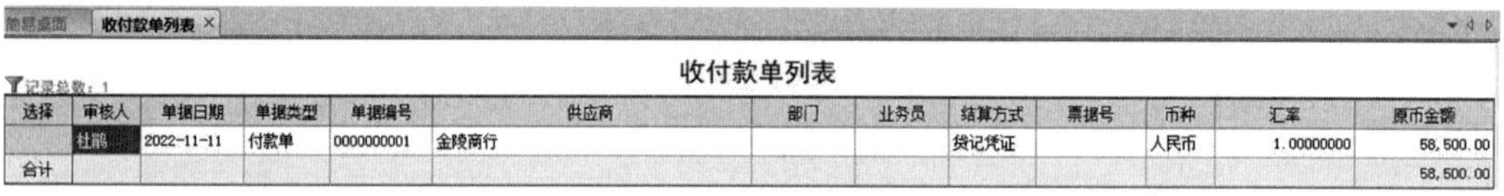

图 6.11　审核付款单据

(3)点击全选按钮,再点击审核按钮,系统提示本次审核成功单据张数。

(4)点击确定按钮。

7. 付款单核销

操作步骤：

(1)在应付款管理系统中,点击核销处理—手工核销,打开核销条件对话框。

(2)点击供应商栏的参照按钮,选择供应商。

(3)点击确定按钮,打开单据核销窗口(图 6.12)。在单据核销窗口中,将鼠标移动至需要核销的应付单据的本次结算金额栏,点击分摊按钮。

单据日期	单据类型	单据编号	供应商	款项...	结算方式	币种	汇率	原币金额	原币余额	本次结算	订单号
2022-11-11	付款单	0000000001	JLSH	应付款	支票结算	人民币	1.00000000	58,500.00	58,500.00	58,500.00	
合计								58,500.00	58,500.00	58,500.00	

单据日期	单据类型	单据编号	到期日	供应商	币种	原币金额	原币余额	可享受折扣	本次折扣	本次结算	订单号	凭证号
2022-10-31	采购专...	00000001	2022-10-31	JLSH	人民币	58,500.00	58,500.00	0.00		58500		
2022-11-11	采购专...	00000002	2022-11-11	JLSH	人民币	88,452.00	88,452.00	0.00				记-0017
合计						146,952.00	146,952.00	0.00				

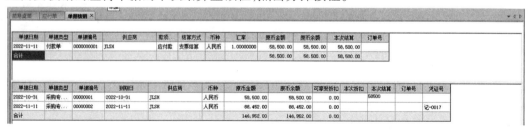

图 6.12　核销付款单

(4)点击保存按钮。

提示：
(1)在保存核销内容后,单据核销窗口中将不再显示已被核销的内容。
(2)核销时可以修改本次结算金额,但是不能大于该记录的原币金额。
(3)在结算单列表中,点击分摊按钮,系统将当前结算单列表中的本次结算金额合计自动分摊到被核销单据列表的本次结算栏中。核销顺序依据被核销单据的排序顺序。
(4)如果核销后未进行结账,可以通过其他处理中的取消操作流程取消核销。

8.付款单制单

操作步骤：
(1)在应付款管理系统中,点击制单处理,进入制单查询对话框。
(2)在制单查询对话框中,选中收付款单制单。
(3)点击确定按钮,进入制单窗口。
(4)在制单窗口中,点击全选按钮。
(5)点击制单按钮,生成记账凭证(图6.13)。

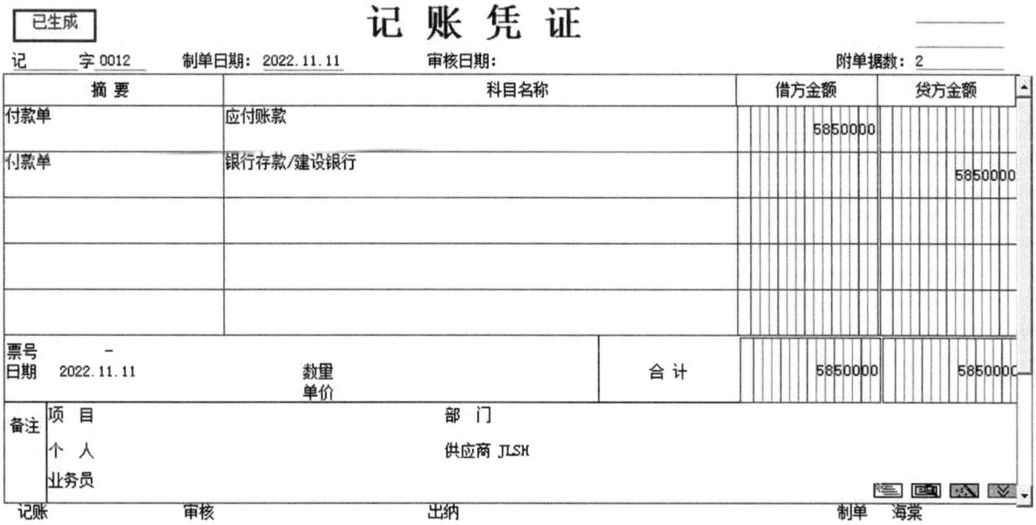

图 6.13 付款单制单

(6)点击保存按钮。
提示：
在制单流程中还可以根据需要进行合并制单。

6.5 采购与应付系统的期末处理

1. 查询采购发票和应付单

操作步骤:
(1)在应付款管理系统中,点击单据查询—发票查询,打开发票查询。
(2)点击发票类型栏,选择采购发票。
(3)点击确定按钮,进入发票查询窗口。

提示:

在发票查询流程中,可以分别查询已审核、未审核、已核销及未核销的发票,还可以按发票号、单据日期、金额范围或余额范围等条件进行查询。点击单据按钮,可以调出原始单据卡片;点击详细按钮,可以查看当前单据的详细结算情况;点击凭证按钮,可以查询单据所对应的凭证;点击栏目按钮,可以设置当前查询列表的显示栏目、栏目顺序、栏目名称、排序方式,并可以保存设置内容。

2. 查询付款单

操作步骤:
(1)在应付款管理系统中,点击单据查询—收付款单查询,打开收付款单查询对话框。
(2)点击确定按钮,打开收付款单查询窗口(图6.14)。

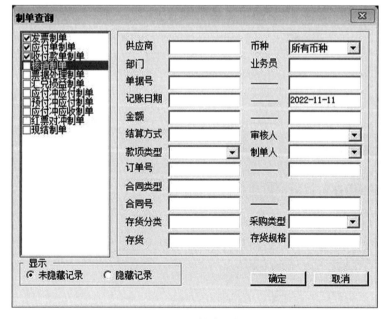

图 6.14 制单查询

提示：

（1）在单据查询流程中，可以查看、修改、删除或冲销由应付款管理系统生成并传递到总账系统中的记账凭证。

（2）未审核记账凭证被删除后，它所对应的原始单据及相应的操作内容可以重新制单。

3. 查询应付账龄分析

操作步骤：

（1）在应付款管理系统中，点击账表管理—统计分析—付款账龄分析，打开付款账龄分析对话框。

（2）点击确定按钮，打开付款账龄分析窗口。

提示：

在统计分析流程中，可以基于定义的账龄区间进行一定期间内应付款账龄分析、付款账龄分析、往来账龄分析，了解各个供应商付款的周转天数、周转率，了解各个账龄区间内应付款、付款及往来情况，并能及时发现问题，以加强对往来款项账龄的监督管理。

4. 查询业务总账

操作步骤：

（1）在应付款管理系统中，点击账表管理—业务账表—业务总账，打开应付总账表对话框。

（2）点击确定按钮，进入应付总账表窗口。

提示：

业务总账查询是对一定期间内应付款汇总情况的查询。在业务总账查询的应付总账表中不仅可以查询本期应付款，还可以查询本期支付应付款及应付款的余额情况。通过业务账表查询，可以及时发现问题，加强对往来款项的监督管理。

5. 查询科目账

操作步骤：

（1）在应付款管理系统中，点击账表管理—科目账查询—科目明细账或余额表，打开供应商往来科目明细账或余额表对话框。

（2）点击确定按钮，进入科目明细账或余额表窗口。

提示：

科目账查询包括科目明细账和科目余额表。

科目明细账查询可以查询供应商往来科目下往来供应商的往来明细账，细分为科目明细账、供应商明细账、三栏明细账、部门明细账、项目明细账、业务员明细账等。

科目余额表查询可以查询应付受控科目各个客户的期初余额、本期借方发生额合计、本期贷方发生额合计、期末余额，细分为科目余额表、供应商余额表、三栏余额表、部门余额表、项目余额表、业务员余额表、供应商分类余额表及地区分类余额表。

6. 结账

操作步骤：

（1）在应付款管理系统中，点击期末处理—月末结账，打开月末处理对话框。

（2）双击月份结账标志栏，出现选中标记 Y。

（3）点击下一步按钮，弹出月末处理—处理情况表对话框。

（4）点击完成按钮，弹出结账成功信息提示对话框。

（5）点击确定按钮。

提示：

（1）如果当月业务已经全部处理完毕，应进行月末结账。只有当月结账后，才能开始下月的工作。进行月末处理时，一次只能选择一个月进行结账；若前一个月未结账，则本月不能结账。

（2）在点击了月末结账后，该月将不能再进行任何处理。

7. 账套备份

操作步骤：

（1）点击系统管理菜单中的账套—输出，打开账套输出对话框。

（2）选择账套号和账套备份路径，建议输出文件位置选择 C:\ 以外。

（3）确认按钮，系统进行账套数据输出，完成后，弹出输出成功。

提示：

系统管理员 admin 账套进行所有账套的输出和引入；账套主管进行年度账的输出和引入。账套输出成功后保存为一个文件夹，有两个文件：一个 BAK 文件，一个 LST 文件。

第7章 职工薪酬管理系统

7.1 职工薪酬管理系统的流程概述

职工薪酬管理系统包括员工基本数据和变动数据管理、工资项目和计算公式设置、个税扣除和汇总统计,完成工资计提、费用分摊、财务制单、进工资卡业务。在用友 U8 管理系统中,职工薪酬管理系统属于人力资源管理系统的一个子系统,可以用于理解职工薪酬系统与总账系统的数据关系。

7.2 职工薪酬管理系统的功能模块

- 初始化账套
- 设置人员附加信息
- 设置工资项目
- 设置人员档案
- 定义工资计算公式
- 设置个人所得税
- 工资变动数据录入
- 工资分摊设置
- 工资分摊制单
- 月末处理
- 账套备份

7.3 职工薪酬管理系统的基础设置

1. 初始化账套

操作步骤:

选择单个工资类别,核算本位币为人民币,不核算计件工资,自动代扣所得税,进行扣零设置且扣零到分(图7.1)。

图 7.1 初始化账套

提示:

(1)如果单位每月多次发放薪资,或者单位有多种不同类别人员,工资发放项目不尽相同,计算公式也不相同,则应选择多个工资类别。

(2)选择代扣个人所得税后,系统将自动生成工资项目代扣税,并自动进行代扣税金的计算。

(3)建账完成后,部分建账参数可以在设置选项中进行修改。

(4)在企业应用平台的基础设置中,需要启用职工薪酬管理系统。

2. 设置人员附加信息

操作步骤:

(1)点击设置—人员附加信息设置,打开人员附加信息设置对话框。

(2)点击增加按钮,点击栏目参照栏,选择性别;同理,增加学历(图7.2)。

图7.2 设置人员附加信息

提示：

如果职工薪酬系统提供参照的有关人员的附加基本信息不能满足实际需要,可以自定义进行人员附加信息的设置,如籍贯、爱好等。使用过的人员附加信息可以修改,但不能删除。不能对人员的附加信息进行数据加工,如公式设置等。

3. 设置工资项目

实验资料见表7.1。

表7.1 工资项目实验资料

工资项目名称	类型	长度	小数	增减项
基本工资	数字	10	2	增项
津贴补贴	数字	10	2	增项
绩效奖金	数字	10	2	增项
应发合计	数字	10	2	其他
社会保险费	数字	10	2	减项
住房公积金	数字	10	2	减项
个税扣除	数字	10	2	减项
其他扣除	数字	10	2	减项
实发合计	数字	10	2	其他

操作步骤：

(1)点击设置—工资项目设置,打开工资项目设置对话框。

(2)点击增加按钮,从名称参照下拉列表中选择工资项目,默认类型为数字,小数位为2,增减项表示工资条项目的增加项和减少项(图7.3)。

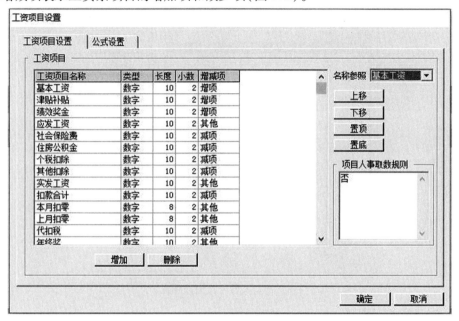

图 7.3　设置工资项目

提示:

点击上下箭头移动工资项目,工资项目的排列顺序表示工资条的排列顺序。

4. 设置人员档案

操作步骤:

(1)点击设置—人员档案,进入人员档案窗口。

(2)点击批增按钮,打开人员批量增加对话框。

(3)在左窗口中分别点击选中在岗人员所在部门,点击查询按钮,出现人员列表。点击确定按钮,返回人员档案窗口(图7.4)。

(4)双击人员档案记录打开人员档案明细对话框。在基本信息选项卡中,补充录入银行名称和银行账号信息。

(5)点击附加信息选项卡,录入性别、学历信息。

(6)点击确定按钮,继续录入其他的人员档案。

提示:

(1)如果选择多个工资类别,则需要点击工资类别—打开工资类别,在工资类别对话框中选择在岗人员工资类别,点击确定按钮。

(2)如果在银行名称设置中设置了银行账号定长,则在输入人员档案的银行账号时如果账号长度不符合要求则不能保存。

第7章 职工薪酬管理系统

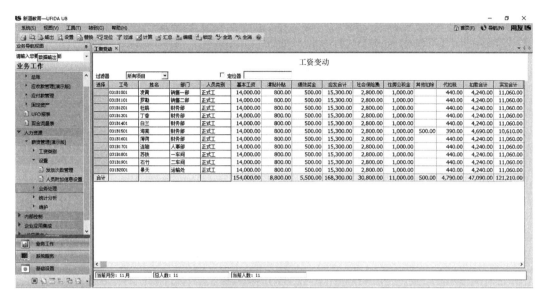

图 7.4 设置人员档案

5.定义工资计算公式

操作步骤：

(1)点击设置—工资项目设置,打开工资项目设置对话框(图 7.5)。

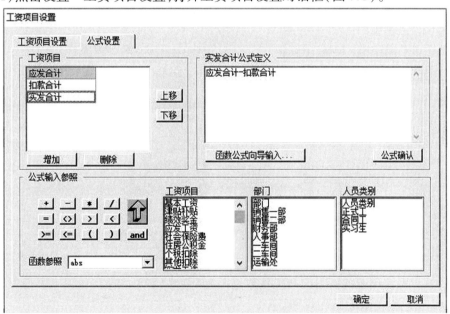

图 7.5 设置计算公式

(2)点击计算公式按钮。

提示：

在定义公式时,可以使用函数公式向导输入、函数参照输入、工资项目参照、部门参照和人员类别参照编辑输入该工资项目的计算公式。其中,函数公式向导只支持系统提供的函数。工资中没有的项目不允许在公式中出现。

6. 设置个人所得税

个人所得税税率表实验资料见表7.2。

表7.2 个人所得税税率表实验资料

级数	全月应纳税所得额	税率/%	速算扣除数
1	不超过3 000元	3	0
2	超过3 000元至12 000元的部分	10	210
3	超过12 000元至25 000元的部分	20	1 410
4	超过25 000元至35 000元的部分	25	2 660
5	超过35 000元至55 000元的部分	30	4 410
6	超过55 000元至80 000元的部分	35	7 160
7	超过80 000元的部分	45	15160

操作步骤:

(1)点击设置—选项,打开选项对话框,点击编辑按钮。

(2)点击扣税设置选项卡,再点击税率设置按钮,打开个人所得税申报表—税率表对话框(图7.6)。

图7.6 设置个人所得税

(3)查看系统预置的所得税纳税基数是否为5 000元,个人所得税税率表是否与国家现行规定一致,点击确定按钮返回。

提示:

个人所得税扣缴应在工资变动后进行。在工资变动中,系统默认以实发合计作为扣税基数,所以在执行完个人所得税计算后,需要到工资变动中执行计算和汇总流程,以保证代扣税这个工资项目正确地反映出单位实际代扣个人所得税的全额。

7.4 职工薪酬管理系统的业务核算

1. 工资变动数据录入

工资变动数据实验资料见表 7.3。

表 7.3　工资变动数据实验资料

员工姓名	基本工资	津贴补贴	绩效奖金	社会保险	住房公积	其他扣除
凌霄	员工自定义	—	—	—	—	—
罗勒	—	—	—	—	—	—
杜鹃	—	—	—	—	—	—
丁香	—	—	—	—	—	—
白兰	—	—	—	—	—	—
海棠	—	—	—	—	—	—
薄荷	—	—	—	—	—	—
连翘	—	—	—	—	—	—
苏铁	—	—	—	—	—	—
石竹	—	—	—	—	—	—
景天	—	—	—	—	—	—

操作步骤：

（1）点击业务处理—工资变动，打开工资变动窗口。

（2）分别录入基本工资、津贴补贴、绩效奖金、社会保险费、住房公积金、其他扣除等工资项目内容（图7.7）。

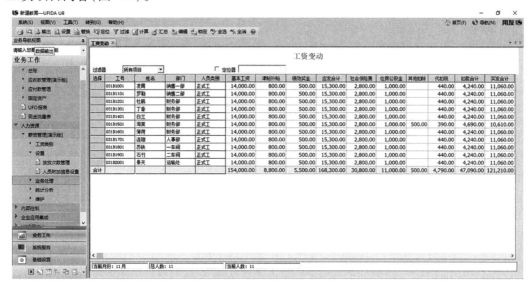

图 7.7　录入工资变动数据

(3)点击计算按钮,再点击汇总按钮,计算全部工资项目内容。

提示:

修改部分数据、重新设置公式后,必须调用计算和汇总流程对个人工资数据重新计算,以保证数据正确。

2. 工资分摊设置

操作步骤:

(1)点击业务处理—工资分摊,打开工资分摊对话框。

(2)点击工资分摊设置按钮,打开分摊类型设置对话框。

(3)点击增加按钮,在计提类型名称栏录入应付职工薪酬,在分摊计提比例栏录入100%(图7.8)。

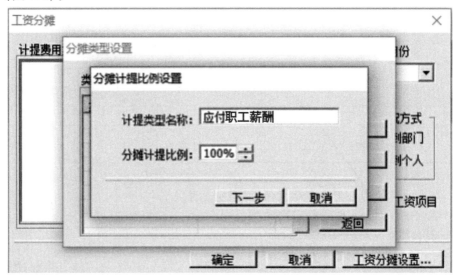

图7.8 设置工资分摊比例

(4)点击下一步按钮,打开分摊构成设置对话框,在分摊构成设置对话框中分别选择分摊构成的各个项目内容。

(5)点击完成按钮。

提示:

(1)所有与工资相关的费用及基金均需建立相应的分摊类型名称及分类比例。

(2)不同部门、相同人员类别可以设置不同的分摊科目。

3. 工资分摊制单

操作步骤:

(1)点击业务处理—工资分摊,打开工资分摊对话框。

(2)选中应付职工薪酬前的复选框,并点击选中各个部门,选中明细到工资项目复选框(图7.9)。

第7章 职工薪酬管理系统

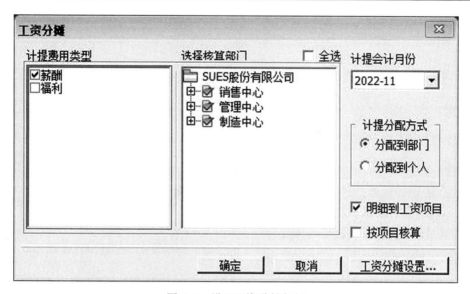

图 7.9 设置工资分摊部门

（3）点击确定按钮，进入应付工资一览表窗口。

（4）选中合并科目相同、辅助项相同的分录前的复选框。

（5）点击制单按钮，选择凭证类别为记账凭证，点击保存按钮（图 7.10）。

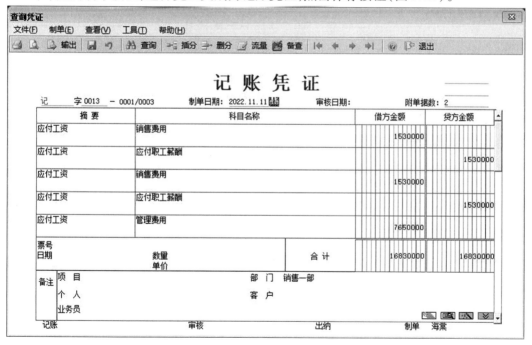

图 7.10 生成凭证

提示：

在进行工资分摊时，如果不选择合并科目相同、辅助项相同的分录，则在生成凭证时将每一条分录都对应一个贷方科目；如果点击批制按钮，可以一次将所有参与本次分摊的分摊类型所对应的凭证全部生成。

7.5 职工薪酬管理系统的期末处理

1. 月末处理

操作步骤：

(1) 点击业务处理—月末处理,打开月末处理对话框。

(2) 点击是按钮,系统提示"是否选择清零项?"。

(3) 点击否按钮,系统提示月末处理完毕(图7.11)。

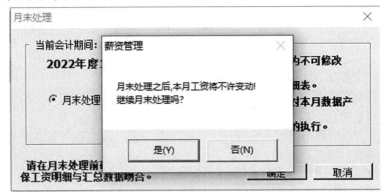

图 7.11 月末处理

(4) 点击确定按钮。

提示：

(1) 如果处理多个工资类别,则应分别打开工资类别进行月末处理。

(2) 月末处理流程只有账套主管才能执行。月末处理后,当月数据将不允许变动。

(3) 工资业务处理完成后,相关工资报表数据同时生成,系统提供了多种形式的报表反映工资核算的结果。

(4) 职工薪酬管理系统中的凭证查询可以对该系统生成的记账凭证进行查询、删除或冲销。而在总账系统中,对职工薪酬管理系统中传递过来的记账凭证只能进行查询、审核或记账等操作,不能进行修改或删除。

2. 账套备份

操作步骤：

(1) 点击系统管理菜单中的账套—输出,打开账套输出对话框。

(2) 选择账套号和账套备份路径,建议输出文件位置选择 C:\以外。

(3) 确认按钮,系统进行账套数据输出,完成后,弹出输出成功。

提示：

系统管理员 admin 账套进行所有账套的输出和引入；账套主管进行年度账的输出和引入。账套输出成功后保存为一个文件夹，有两个文件：一个 BAK 文件，一个 LST 文件。

第8章 固定资产管理系统

8.1 固定资产管理系统的流程概述

固定资产系统主要提供资产管理,包括固定资产卡片设计、固定资产增减变动管理、固定资产折旧计提计算等。其中,固定资产增减变动管理主要包括新增固定资产、固定资产的减少、固定资产变动等。系统提供计提固定资产减值准备、按月自动计算折旧,生成折旧分配凭证,同时输出有关的报表和账簿。固定资产核算系统可以用于固定资产总值、净值、累计折旧数据的动态管理,各项资产指标的分析工作。

8.2 固定资产管理系统的功能模块

- 初始化账套
- 设置选项
- 设置折旧科目
- 设置固定资产类别
- 设置固定资产增减方式
- 录入固定资产原始卡片
- 修改固定资产卡片
- 增加固定资产(卡片)
- 减少固定资产(卡片)
- 固定资产变动(卡片)
- 计提固定资产折旧
- 制单
- 对账
- 结账
- 查询账表

- 账套备份

8.3 固定资产管理系统的基础设置

1. 初始化账套

操作步骤：

（1）在用友 U8 企业应用平台中，选择固定资产，"系统弹出这是第一次打开此账套，还未进行过初始化，是否进行初始化？"。

（2）点击是按钮，打开固定资产初始化账套向导—约定及说明对话框（图8.1）。

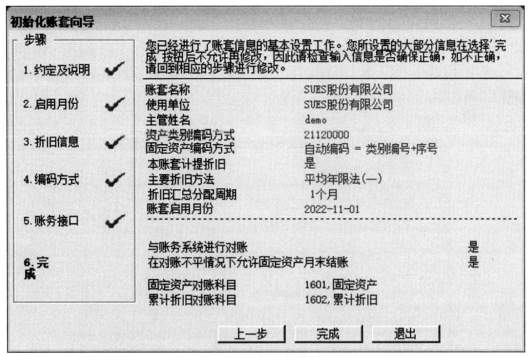

图 8.1 初始化账套

（3）选中我同意单选按钮，点击下一步按钮，打开固定资产初始化账套向导—启用月份对话框。

（4）点击下一步按钮，打开固定资产初始化账套向导—折旧信息对话框，选择主要折旧方法为平均年限法（一）。

（5）点击下一步按钮，打开固定资产初始化账套向导—编码方式对话框。

（6）点击下一步按钮，打开固定资产初始化账套向导—财务接口对话框。

（7）在固定资产对账科目栏录入1601，在累计折旧对账科目栏录入1602，取消选中在对账不平情况下允许固定资产月末结账复选框。

（8）点击下一步按钮，打开固定资产初始化账套向导—完成对话框。

（9）点击完成按钮，系统弹出"已经完成了新账套的所有设置工作，是否确定所设置的信息完全正确并保存对新账套的所有设置？"信息提示框。

（10）点击是按钮，系统提示已成功初始化固定资产账套。

（11）点击确定按钮，固定资产建账完成。

提示：

（1）在企业应用平台的基础设置中，需要启用固定资产管理系统。

（2）在固定资产启用日期确定后，在该日期前的所有固定资产都将作为期初数据，在启用月份开始计提折旧。

（3）固定资产编码方式包括手工输入和自动编码两种方式。

2. 设置选项

操作步骤：

（1）点击设置—选项，打开选项对话框。

（2）点击编辑按钮，对基本信息、折旧信息、与财务系统接口、编码方式和其他进行信息维护（图8.2）。

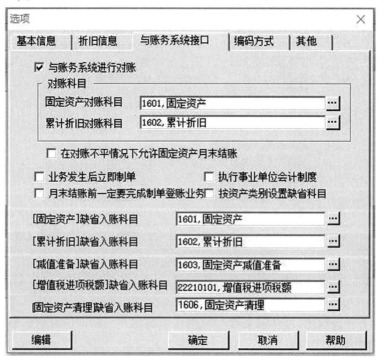

图8.2 设置选项

（3）点击确定按钮。

3. 设置折旧科目

操作步骤：

（1）点击设置—部门对应折旧科目，进入部门对应折旧科目—列表视图窗口（图8.3）。

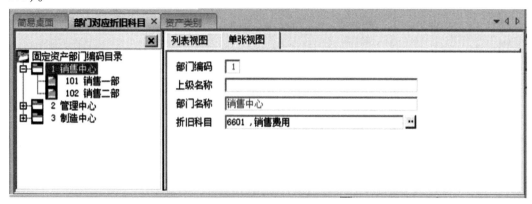

图 8.3　设置折旧科目

（2）选择财务部所在行，点击修改按钮，打开单张视图窗口；也可以直接选中部门编码目录中的财务部门，点击打开单张视图选项卡，再点击修改按钮。

（3）在折旧科目栏录入管理费用。

（4）点击保存按钮。以此方法继续录入其他部门对应的折旧科目。

提示：

如果某一上级部门设置了对应的折旧科目，则下级部门同上级部门的设置。

4. 设置固定资产类别

固定资产类别实验资料见表 8.1。

表 8.1　固定资产类别实验资料

固定资产分类	类别名称
01	房屋及建筑物
02	专用设备
03	通用设备
04	家具、用具、装具
05	图书、档案
06	仪器设备

操作步骤:
(1)点击设置—资产类别,进入资产类别列表视图窗口。
(2)点击增加按钮,打开资产类别单张视图窗口(图8.4)。

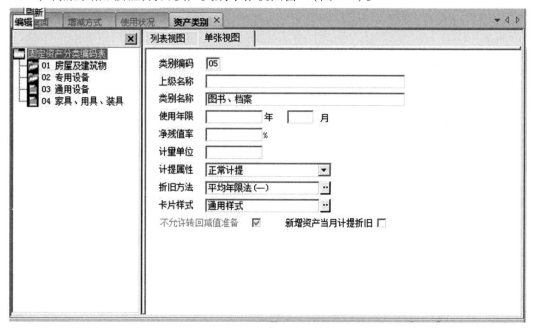

图 8.4　设置固定资产类别

(3)在类别编码和名称栏录入 01 房屋及建筑物,在使用年限栏录入 70,在净残值率栏录入 0。

(4)点击保存按钮,继续录入 02 号资产的类别名称为专用设备,点击保存按钮。

(5)点击选中固定资产分类编码表中的 02 专用设备,再点击增加按钮,在类别名称栏录入软件系统。

(6)点击保存按钮。以此方法继续录入其他的固定资产分类及明细。

提示:

非明细级类别编码不能修改和删除,明细级类别编码修改时只能修改本级的编码。使用过的类别的计提属性不能修改。系统已使用的类别不允许增加下级和删除。

5. 设置固定资产增减方式

操作步骤:

(1)点击设置—增减方式,打开增减方式窗口。

(2)点击选中直接购入所在行,再点击修改按钮,打开增减方式—单张视图窗口,在对应入账科目栏录入 100201(图 8.5)。

(3)点击保存按钮。以此方法继续设置其他增减方式对应的入账科目。

第8章 固定资产管理系统

图 8.5 设置固定资产增减方式

提示：

（1）在资产增减方式中所设置的对应入账科目是为了生成凭证时默认。固定资产的增加方式主要有购置、自建、接受投资、接受捐赠等；固定资产的减少主要有报废、出售、对外投资、对外捐赠等。

（2）因为本系统提供的报表中有固定资产盘盈盘亏报表，所以增减方式中盘盈、盘亏、毁损不能修改和删除。

6. 录入固定资产原始卡片

固定资产卡片实验资料见表 8.2。

表 8.2 固定资产卡片实验资料

卡片编号	00001	00002	00003	00004	00005
固定资产编号	0200005	0200004	0200003	0200002	0200001
固定资产名称	企业 XBRL 报告平台系统	注册会计师审计实训教学系统	新道 EFS 教学系统软件	空气净化器	便携式计算机
类别编号	02	02	02	02	02
类别名称	专用设备	专用设备	专用设备	专用设备	专用设备
部门名称	财务部	财务部	财务部	财务部	财务部

续表8.2

卡片编号	00001	00002	00003	00004	00005
增加方式	直接购入	直接购入	直接购入	直接购入	直接购入
使用状况	在用	在用	在用	在用	在用
使用年限	10年	10年	10年	5年	5年
折旧方法	平均年限法（一）	平均年限法（一）	平均年限法（一）	平均年限法（一）	平均年限法（一）
开始使用日期	2022-01-01	2022-01-01	2022-01-01	2022-11-11	2022-11-11
币种	人民币	人民币	人民币	人民币	人民币
原值	108000	48000	120000	3800	5000
净残值率	0%	0%	0%	10%	10%
净残值	0	0	0	380	500
年累计折旧	10800	4800	12000	684	900
月累计折旧	900	400	1000	57	75
对应折旧科目	管理费用	管理费用	管理费用	管理费用	管理费用

操作步骤：

(1)点击卡片—录入原始卡片，打开固定资产类别档案对话框。

(2)选择仪器设备前的复选框，回车后进入固定资产卡片[录入原始卡片：00001号卡片]窗口。

(3)在固定资产名称栏录入仪器设备，点击部门名称栏，再点击部门名称按钮，打开固定资产本资产部门使用方式对话框。

(4)点击确定按钮，打开部门参照窗口。

(5)选择部门，双击确认。

(6)点击增加方式栏，再点击增加方式按钮，打开固定资产增减方式对话框，选择直接购入，双击确认。

(7)点击使用状况栏，再点击使用状况按钮，打开使用状况参照对话框。默认在用，点击确定按钮。

(8)录入开始使用日期栏，录入原值，录入累计折旧。点击保存按钮，系统提示数据成功保存。

(10)点击确定按钮。以此方法继续录入其他的固定资产卡片(图8.6)。

固定资产卡片

卡片编号	00004		日期	2022-11-11
固定资产编号	0200002	固定资产名称		空气净化器
类别编号	02	类别名称		专用设备
规格型号		使用部门		财务部
增加方式	直接购入	存放地点		行政楼606
使用状况	在用	使用年限(月)	60	折旧方法 平均年限法(一)
开始使用日期	2022-11-11	已计提月份	0	币种 人民币
原值	3800.00	净残值率	10%	净残值 380.00
累计折旧	0.00	月折旧率	0	本月计提折旧额 0.00
净值	3800.00	对应折旧科目	6602.管理费用	项目
录入人	海棠		录入日期	2022-11-11

图 8.6 录入固定资产卡片

提示：
在点击原始卡片录入或资产增加流程时，可以为一个资产选择多个使用部门。

8.4 固定资产管理系统的业务核算

1. 修改固定资产卡片

操作步骤：
(1)点击卡片—卡片管理，打开查询条件选择对话框，修改开始使用日期。
(2)点击确定按钮，进入卡片管理窗口。
(3)选中00002所在行，再点击修改按钮，进入固定资产卡片窗口。
(4)点击使用状况栏，再点击使用状况按钮，打开使用状况参照对话框。
(5)选中大修理停用，点击确定按钮。
(6)点击保存按钮，系统提示数据成功保存。
(7)点击确定按钮返回卡片管理窗口。

提示：
(1)当发现卡片有录入错误，或在资产使用过程中有必要修改卡片的一些内容时，可以通过卡片修改流程实现，包括原始卡片的原值、使用部门、工作总量、使用状况、累计折旧、净残值(率)、折旧方法、使用年限、资产类别。
(2)非本月录入的卡片不能删除。卡片完成月末结账后不能删除。

2. 增加固定资产(卡片)

操作步骤：
(1)点击卡片—资产增加，打开资产类别参照对话框。

(2)双击通用设备,进入固定资产卡片窗口。

(3)在固定资产名称栏录入便携式计算机,选择使用部门为财务部,增加方式为直接购入,使用状况为在用,选择折旧方法为平均年限法。

(4)点击保存按钮,系统提示数据成功保存。

(5)点击确定按钮。

提示:

新卡片录入的第一个月不提折旧,折旧额为空或为零。如果录入的累计折旧、累计工作量大于零,说明不是新增资产。

3. 减少固定资产(卡片)

操作步骤:

(1)点击卡片—资产减少,打开资产减少对话框。

(2)在卡片编号栏录入或点击卡片编号栏对照按钮选择。

(3)点击增加按钮,双击减少方式栏,再点击减少方式栏参照按钮,选择盘亏转出。

(4)点击确定按钮,系统提示所选卡片已经减少成功。

(5)点击确定按钮。

4. 固定资产变动(卡片)

操作步骤:

(1)点击卡片—变动单—折旧方法调整,打开固定资产变动单窗口。

(2)在卡片编号栏录入或点击卡片编号栏选择。

(3)点击变动后折旧方法栏,再点击变动后折旧方法按钮,选择双倍余额递减法。

(4)在变动原因栏录入会计变更。

(5)点击保存按钮,系统提示数据成功保存,点击确定按钮。

5. 计提固定资产折旧

操作步骤:

(1)点击处理—计提本月折旧,系统弹出"是否要查看折旧清单?"信息提示框。

(2)点击是按钮,系统提示"本操作将计提本月折旧,并花费一定时间,是否继续?"。

(3)点击是按钮,打开折旧清单窗口。

(4)点击退出按钮,打开折旧分配表窗口(图8.7)。

(5)点击凭证按钮,生成一张记账凭证。

(6)修改凭证类别为记账凭证。

(7)点击保存按钮,凭证左上角出现已生成字样,表示凭证已传递到总账。

提示:

(1)计提折旧流程对各项资产每期计提一次折旧,并自动生成折旧分配表,然后生成记账凭证,本期折旧费用自动登账。若上次计提折旧已制单并已传递到总账系统,则必须删除该凭证才能重新计提。

(2)在折旧费用分配表界面中,可以点击制单按钮制单,也可以以后利用批量制单流程进行制单。

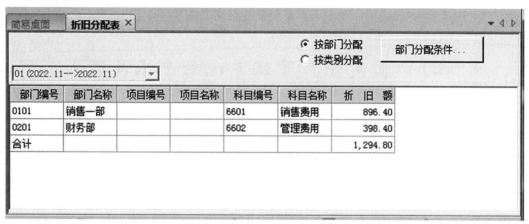

图 8.7　分配折旧

6. 制单

操作步骤：

(1)点击处理—批量制单,打开查询条件选择对话框,点击确定按钮,进入批量制单窗口。

(2)点击全选按钮,或双击选择栏,选中要制单的业务。

(3)点击打开制单设置选项卡,查看制单科目设置。

(4)点击凭证按钮,修改凭证类别为记账凭证,录入摘要(图 8.8)。

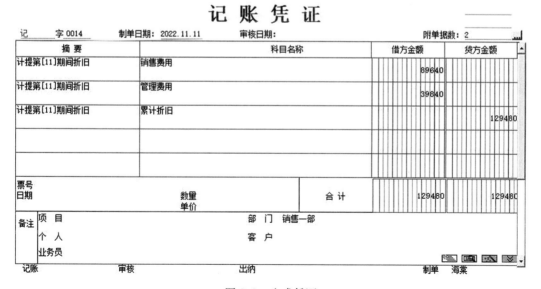

图 8.8　生成凭证

103

(5)点击保存按钮。

提示：

如果在选项中选择业务发生时立即制单,摘要根据业务情况自动输入;如果使用批量制单方式,则摘要为空,需要手工输入。修改凭证仅限于摘要修改。

8.5 固定资产管理系统的期末处理

1. 对账

操作步骤：

(1)点击处理—对账,打开与账务对账结果对话框。

(2)点击确定按钮。

提示：

只有设置账套参数时选择了与账务系统进行对账,本流程才能操作。

2. 结账

操作步骤：

(1)点击处理—月末结账,打开月末结账对话框。

(2)点击开始结账按钮,出现与总账对账结果对话框。

(3)点击确定按钮,出现系统提示。

(4)点击确定按钮。

提示：

在固定资产系统中完成了本月全部制单业务后,可以进行月末结账。

3. 查询账表

操作步骤：

(1)点击账表—我的账表,进入固定资产报表窗口。

(2)点击账簿中的统计表。

(3)双击固定资产原值一览表,打开条件—固定资产原值一览表对话框。

(4)点击确定按钮,进入固定资产原值一览表窗口。

提示：

固定资产系统中提供了各种统计表,管理者可以全面细致地了解企业对资产的管理、使用情况,及时掌握资产的价值、折旧、数量等。

4. 账套备份

操作步骤:
(1)点击系统管理菜单中的账套—输出,打开账套输出对话框。
(2)选择账套号和账套备份路径,建议输出文件位置选择 C:\以外。
(3)确认按钮,系统进行账套数据输出,完成后,弹出输出成功。
提示:
系统管理员 admin 账套进行所有账套的输出和引入;账套主管进行年度账的输出和引入。账套输出成功后保存为一个文件夹,有两个文件:一个 BAK 文件,一个 LST 文件。

附 录

企业会计准则常用会计科目表

编号	会计科目名称	编号	会计科目名称
一、资产类		1406	发出商品
1001	库存现金	1407	商品进销差价
1002	银行存款	1408	委托加工物资
1012	其他货币资金	1411	周转材料
1101	交易性金融资产	1421	消耗性生物资产
1121	应收票据	1461	融资租赁资产
1122	应收账款	1471	存货跌价准备
1123	预付账款	1501	持有至到期投资
1131	应收股利	1502	持有至到期投资减值准备
1132	应收利息	1503	可供出售金融资产
1221	其他应收款	1511	长期股权投资
1231	坏账准备	1512	长期股权投资减值准备
1401	材料采购	1521	投资性房地产
1402	在途物资	1531	长期应收款
1403	原材料	1532	未实现融资收益
1404	材料成本差异	1601	固定资产
1405	库存商品	1602	累计折旧

续表

编号	会计科目名称	编号	会计科目名称
1603	固定资产减值准备	2203	预收账款
1604	在建工程	2211	应付职工薪酬
1605	工程物资	2221	应交税费
1606	固定资产清理	2231	应付利息
1611	未担保余值	2232	应付股利
1621	生产性生物资产	2241	其他应付款
1622	生产性生物资产累计折旧	2401	递延收益
1623	公益性生物资产	2501	长期借款
1631	油气资产	2502	应付债券
1632	累计折耗	2701	长期应付款
1701	无形资产	2702	未确认融资费用
1702	累计摊销	2711	专项应付款
1703	无形资产减值准备	2801	预计负债
1711	商誉	2901	递延所得税负债
1801	长期待摊费用	四、所有者权益类	
1811	递延所得税资产	4001	实收资本
1901	待处理财产损益	4002	资本公积
二、负债类		4101	盈余公积
2001	短期借款	4103	本年利润
2002	存入保证金	4104	利润分配
2101	交易性金融负债	4201	库存股
2201	应付票据	五、成本类	
2202	应付账款	5001	生产成本

续表

编号	会计科目名称	编号	会计科目名称
5101	制造费用	6401	主营业务成本
5202	劳务成本	6402	其他业务成本
5301	研发支出	6403	营业税金及附加
六、损益类		6411	利息支出
6001	主营业务收入	6601	销售费用
6011	利息收入	6602	管理费用
6041	租赁收入	6603	财务费用
6051	其他业务收入	6701	资产减值损失
6061	汇兑损益	6711	营业外支出
6101	公允价值变动损益	6801	所得税费用
6111	投资收益	6901	以前年度损益调整
6301	营业外收入		

参 考 文 献

[1] 杨纪琬,阎达五.论"会计管理"[J].会计研究,1982(6):53-54.
[2] 管萍,宋良荣.网络财务报告与信息距离[M].北京:中国财政经济出版社,2019.
[3] 王新玲.用友 ERP 财务管理系统实验教程(U8 V10.1)[M].微课版.北京:清华大学出版社,2017.
[4] 刘梅玲,黄虎,佟成生,等.智能财务的基本框架与建设思路研究[J].会计研究,2020(3):179-192.
[5] 刘勤,杨寅.改革开放 40 年的中国会计信息化:回顾与展望[J].会计研究,2019(2):26-34.
[6] 杨周南.漫卷诗书会计迷 壮心知米至人情:纪念追随父亲杨纪琬先生创建会计信息化事业之路[J].会计研究,2017(6):17-19.
[7] 张瑞君,蒋砚章,殷建红.会计信息系统[M].8 版.北京:中国人民大学出版社,2019.